TRANSPARENCES

LE CONSEIL DE PRUD'HOMMES

Le ministère des Affaires sociales,
du Travail et de la Solidarité

ISBN : 2-11-005113-2

INTRODUCTION

Prud'hommes : hommes de valeur, prudents, de bon conseil.

Apparu au XIe siècle, ce terme s'appliquait aux « défenseurs du métier » : chaque corporation fixait les règlements du travail, les critères de qualité des produits, les prix. Si un conflit surgissait entre artisans, il était tranché par leurs pairs : les prud'hommes.

Lyon, 1806 : afin de favoriser la conciliation entre fabricants de soie et ouvriers lyonnais, une loi napoléonienne met en place un conseil de prud'hommes. Évolution notable par rapport aux institutions existantes jusqu'alors : une représentation ouvrière est introduite au sein d'un conseil essentiellement composé de marchands, de chefs d'ateliers, de contremaîtres. Prémisse d'un paritarisme qui s'affirmera comme la pierre angulaire de l'institution.

1848, 1905, 1907, 1979, 1982, 1986... Plusieurs lois donnent forme aux conseils de prud'hommes actuels. Et nombre de pays européens (Allemagne, Belgique, Danemark, Espagne, Grande-Bretagne, Irlande, Luxembourg, Portugal) s'inspirent, peu ou prou, du système français pour mettre en place des tribunaux spécialisés dans le règlement des conflits du travail.

L'originalité des conseils de prud'hommes ? Elle est triple :

- leur composition : des juges non professionnels, élus parmi les employeurs et les salariés ;
- leur fonctionnement fondé sur la parité : le litige est traité par un nombre égal de conseillers employeurs et salariés ;
- leur mission première : rechercher avant tout la conciliation entre les parties qui s'opposent.

fiche 1
page 101

Aujourd'hui, il existe 271 conseils de prud'hommes en France chargés de résoudre les litiges nés entre salariés et employeurs du secteur privé, à l'occasion du contrat de travail.

Chaque année, près de 170 000 affaires sont ainsi traitées par les conseillers prud'hommes.

Les perspectives en 2002 ? Le renouvellement des conseils de prud'hommes sur la base de règles électorales rénovées par la loi de modernisation sociale (n° 2002-73 du 17 janvier 2002), la loi relative à la lutte contre les discriminations (n° 2001-1066 du 16 novembre 2001) et celle sur l'égalité professionnelle entre les femmes et les hommes (n° 2001-397 du 9 mai 2001) dont l'objectif, en matière d'élections professionnelles, est de réduire l'écart de représentation entre les sexes.

Mais qui sont ces conseillers que chacun est appelé à élire, voire à devenir ?

Comment est organisé un conseil de prud'hommes ? À quoi servent le bureau de conciliation, le conseiller rapporteur, ou encore la formation de référé ?

Engager une procédure, se défendre, faire appliquer le jugement ou au contraire, le contester : comment faire ?

Ce guide proposé par le ministère de l'Emploi et de la Solidarité apporte des réponses précises et complètes à toutes ces questions.

Conseillers prud'hommes, employeurs, salariés, représentants du personnel… : chacun dispose d'une information pratique, rédigée en termes clairs et complétée de fiches destinées à approfondir, préciser, illustrer les différents thèmes traités.

SOMMAIRE

1
Comprendre le fonctionnement des conseils de prud'hommes

I

Le conseil de prud'hommes : quelles compétences ?

II

Quelle organisation ?

2
Connaître la procédure devant le conseil de prud'hommes

I

Saisir les prud'hommes : comment faire ?

II

Devant les prud'hommes : que se passe-t-il ?

III

Après le jugement : quelles suites ?

Les fiches

1

COMPRENDRE LE FONCTIONNEMENT DES CONSEILS DE PRUD'HOMMES

Résoudre l'ensemble des conflits individuels relatifs au contrat de travail : tel est le rôle du conseil de prud'hommes, juridiction issue du monde du travail, dont l'originalité est d'être à la fois paritaire et élective.

En effet, exclusivement formés d'hommes et de femmes employeurs et salariés (et non de magistrats de carrière) élus pour 5 ans par leurs pairs, les conseils de prud'hommes sont composés, à part égale, de conseillers prud'hommes salariés et employeurs.

Cinq sections autonomes, chacune pourvue d'un bureau de conciliation et d'un bureau de jugement, une formation de référé, commune à l'ensemble des sections, des conseillers rapporteurs, un secrétariat-greffe : voici les piliers du fonctionnement de tout conseil de prud'hommes, lequel possède à sa tête un président assisté d'un vice-président.

I

Le conseil de prud'hommes : quelles compétences ?

Résoudre des conflits : lesquels ?

Des conflits qui opposent salarié et employeur de droit privé...

Un désaccord entre un salarié et son employeur relève du conseil de prud'hommes si les conditions suivantes sont réunies :

- le salarié est titulaire d'un contrat de travail de droit privé, écrit ou non ;
- l'employeur relève du droit privé (SA, SARL, association...) ou a le statut d'établissement public à caractère industriel et commercial (EPIC) tels EDF, la SNCF, Air-France...

En revanche, ne relèvent pas de la compétence des prud'hommes, notamment :

- les personnes non titulaires d'un contrat de travail : détenus, travailleurs handicapés en centre d'aide par le travail (CAT) et, sauf s'il s'agit de faire reconnaître l'existence d'un contrat de travail, les bénévoles et les stagiaires en formation ;
- les fonctionnaires, auxiliaires, agents contractuels de l'État et des collectivités territoriales travaillant pour un service public administratif ou dans des établissements publics à caractère administratif.

Des cas particuliers

Les personnels des services publics dépendent du conseil de prud'hommes s'ils sont employés dans les conditions de droit privé. Tel est le cas d'un fonctionnaire mis à la disposition d'une entreprise privée, et lié avec elle par un contrat de travail. De même, les titulaires de contrats « nouveaux services – emplois jeunes », de contrats emploi solidarité (CES) et de contrats emploi consolidé (CEC) relèvent de la compétence des conseils de prud'hommes. Enfin, certains agents non titulaires de l'État, des collectivités locales et de leurs établissements publics peuvent – sous certaines conditions et à leur demande – être soumis aux dispositions du Code du travail. Dans cette hypothèse et en cas de litige relatif à leur contrat de travail, ils relèvent alors du conseil des prud'hommes.

Enfin, la loi confie les litiges concernant certains salariés à d'autres instances. Il en est ainsi, par exemple, pour :

- les avocats salariés dont les différends avec leur employeur dépendent du bâtonnier de l'Ordre des avocats ;
- les marins qui relèvent, dans certaines conditions, du tribunal d'instance.

... ou des salariés entre eux

Les conseils de prud'hommes sont également compétents pour résoudre les conflits opposant deux salariés d'une même entreprise. Une condition : le litige doit avoir pour origine le travail.

Ainsi, par exemple, un conseil de prud'hommes peut traiter un différend entre un non-gréviste et un salarié l'ayant empêché de travailler. En revanche, il n'est pas compétent si l'affaire oppose un salarié à un collègue à qui il reproche d'avoir produit une attestation diffamatoire à son égard lors d'un procès.

Les trois caractéristiques du litige

Être d'ordre individuel

La compétence du conseil de prud'hommes ne vise que les conflits individuels, c'est-à-dire entre une personne qui souhaite défendre un intérêt particulier, et une autre.

Cette règle exclut donc les litiges mettant en jeu des intérêts collectifs. Ainsi, par exemple, ceux relatifs aux conditions d'interruption d'une grève ou d'un lock-out (« grève patronale ») ou encore les différends d'interprétation ou d'application d'une convention ou d'un accord collectif entre une organisation syndicale et un employeur ou une organisation professionnelle échappent à la compétence du conseil de prud'hommes.

Il en est de même lorsqu'un salarié demande, sans exprimer de prétention individuelle, l'application d'une convention collective pour l'ensemble du personnel : le conseil de prud'hommes est incompétent.

Pour les conflits collectifs, des procédures non contentieuses, sont prévues : négociation entre employeur et organisation(s) syndicale(s), conciliation, médiation, arbitrage, sous l'égide de l'administration. À défaut de solution amiable, le tribunal de grande instance peut être saisi.

Ne pas confondre
Conflit collectif pour lequel le conseil de prud'hommes n'est pas compétent, et regroupement de conflits individuels opposant plusieurs salariés – qui défendent chacun leur propre situation – à leur employeur. Par exemple, des salariés peuvent présenter au conseil de prud'hommes une série de demandes individuelles afin obtenir le versement d'une prime prévue par la convention collective. Ils peuvent également, dans le cadre d'un licenciement économique, contester le plan social et obtenir, ce faisant, leur réintégration dans l'entreprise.

Avoir pour origine le contrat de travail

Le conseil de prud'hommes est compétent dès lors que le désaccord est en relation avec un contrat de travail, quel qu'il soit (contrat à durée indéterminée ou déterminée, contrat d'apprentissage, contrat d'insertion en alternance...).

Il peut ainsi être saisi :

- pour reconnaître l'existence ou la validité d'un contrat de travail (par exemple un stagiaire peut demander la requalification de son contrat de stage en contrat de travail), dès la conclusion du contrat voire même avant celle-ci dès lors qu'il y a promesse d'embauche (le conseil peut statuer sur une rupture abusive de la promesse) ;
- tout au long de la durée de vie du contrat (conflits relatifs aux rémunérations, aux congés, à la formation, aux discriminations...) ;
- lors de sa rupture (motifs, conditions, indemnisation de celle-ci).

Après la rupture du contrat de travail

Le conseil de prud'hommes peut être saisi si le litige a un rapport direct avec le contrat de travail soit parce qu'il a pour origine des faits survenus avant sa rupture (non-paiement des salaires, primes...) soit parce que l'employeur ou le salarié n'a pas respecté une obligation à laquelle il était tenu après la fin du contrat de travail (divulgation d'informations confidentielles...). Cependant, le conseil de prud'hommes n'est plus compétent s'il y a prescription (par exemple, une demande de salaire n'est plus valable après un délai de 5 ans) *(*voir « Saisir les prud'hommes : comment faire ? » page 53*).*

fiche 2
page 102

De plus, le conseil de prud'hommes peut également, dans certains cas, être compétent pour mettre un terme au contrat de travail : c'est la résiliation judiciaire. Celle-ci est prononcée à la demande de l'employeur ou du salarié aux lieu et place d'un licenciement ou d'une démission.

À savoir

Après les deux premiers mois d'apprentissage, un contrat d'apprentissage ne peut être rompu qu'après accord des parties ou par résiliation judiciaire.

En revanche, même s'il survient entre un employeur et son salarié, un litige étranger au contrat de travail ne peut être présenté au conseil de prud'hommes.

Il en est ainsi lorsque le différend résulte d'une immixtion dans la vie privée sans lien avec le travail, ou lorsqu'il naît après la rupture du contrat de travail, sans relation avec celui-ci. Par exemple, le juge prud'homal ne peut traiter un litige entre un salarié et son ancien employeur à qui il reproche d'avoir révélé à son nouvel employeur le procès les opposant.

Ne pas relever d'une autre juridiction

Certains litiges, en raison de leur nature, sont confiés par la loi à d'autres tribunaux. Il s'agit, par exemple, des affaires relatives aux :

- élections professionnelles (comité d'entreprise, délégués du personnel…) et aux saisies sur salaire : tribunal d'instance,
- accidents du travail (contestation d'une décison d'un organisme de sécurité sociale) : juridictions de la sécurité sociale,
- infractions pénales (délit d'entrave aux fonctions des représentants du personnel, délit de blessures, d'homicides dans le cas d'un accident du travail…) : tribunal de police, tribunal correctionnel,
- décisions administratives (contestation d'une autorisation de licenciement d'un salarié protégé…) : tribunal administratif.

De même, les conflits portant sur l'intéressement, la participation et l'invention des salariés relèvent – selon le montant en jeu – soit du tribunal d'instance, soit du tribunal de grande instance.

Une compétence exclusive…

La compétence des conseils de prud'hommes en matière de conflits individuels du travail (compétence dite « d'attribution » ou « matérielle ») est exclusive : elle ne peut être confiée à une autre juridiction.

En conséquence, employeur et salarié ne peuvent convenir – par le biais du contrat de travail, d'un accord… – de présenter leur litige à un autre tribunal que le conseil de prud'hommes.

> ***Inscrit dans le Code du travail*** *« Est nulle et de nul effet toute clause attributive de juridiction incluse dans un contrat de travail. » Article L 121-3.*

De même, une convention ou un accord collectif ne peut imposer de présenter le litige devant tel ou tel organisme avant de saisir le conseil de prud'hommes : ce ne peut être qu'une faculté laissée au libre choix de l'employeur et du salarié.

Enfin, un tribunal saisi d'un litige qui comporte une question relevant de la compétence du conseil de prud'hommes ne peut traiter cette question.

Exemple
Compétent en matière d'élection de représentants du personnel, un tribunal d'instance appelé à se prononcer sur l'éligibilité d'un salarié ne peut examiner la réalité de son contrat de travail : seul le conseil de prud'hommes a le pouvoir de le faire.

... sauf transaction

Plutôt que de choisir une solution contentieuse pour résoudre leur litige, employeur et salarié peuvent opter pour la transaction. Mais rien ne les y oblige.

Ils négocient ainsi ensemble, avec des concessions réciproques, les conditions de nature à mettre fin à leur différend.

Exemple
Après un licenciement ou une démission, une transaction peut intervenir afin d'en régler les conséquences. Ainsi, un salarié peut accepter l'application d'une clause de non-concurrence en contrepartie d'indemnités supplémentaires versées par l'employeur.

Une fois la transaction conclue (en toute connaissance de cause et avec de véritables concessions réciproques), le différend sur lequel elle porte est réglé : salarié et employeur ne peuvent plus saisir le conseil de prud'hommes.

Dans quelle zone géographique ?

Le conseil de prud'hommes : un tribunal de proximité...

Les conseils de prud'hommes sont créés (mais aussi éventuellement supprimés, transférés...) par décret, à raison d'au moins un dans le ressort de chaque tribunal de grande instance.

Il existe donc au moins un conseil de prud'hommes par département.

Toutefois, pour des raisons d'ordre géographique, économique ou social (zones à forte densité d'entreprises, par exemple), plusieurs conseils de prud'hommes peuvent être implantés dans un même ressort.

Photographie
Il existe actuellement 271 conseils de prud'hommes. Généralement de un à trois par département, le nombre de conseils de prud'hommes peut s'élever à cinq (Yvelines) voire à sept (Pas-de-Calais, Seine-Maritime) dans certaines zones.

S'il est unique dans un département, le conseil de prud'hommes est compétent pour tout le département. À défaut, le décret de création du conseil fixe son ressort géographique (une ou plusieurs communes).

... compétent, en principe, selon le lieu de travail

Le conseil de prud'hommes compétent est, en principe, celui dans le ressort duquel est implanté le lieu de travail (bureau, atelier, chantier, usine, magasin, agence...).

Mais si le travail est réalisé en dehors de tout établissement (salariés itinérants...) ou à domicile, le conseil compétent est celui du domicile du salarié.

Quand le salarié saisit le conseil de prud'hommes
*Il a également la faculté de choisir, selon les cas, le conseil du lieu où le contrat a été signé (ou l'engagement réalisé) ou bien celui où l'employeur est établi (*voir « À quel conseil, à quelle section s'adresser ? » page 57*).*

Enfin, pour les salariés détachés en France par une entreprise de l'Union européenne, les litiges relatifs à la rémunération, à la durée et aux conditions de travail sont de la compétence du conseil de prud'hommes du lieu où le travail est réalisé.

Une règle de compétence impérative...

La compétence territoriale d'un conseil de prud'hommes, comme sa compétence matérielle (voir ci-dessus), s'impose au salarié comme à l'employeur : ils ne peuvent donc convenir (notamment par une clause dans le contrat de travail) de saisir un autre conseil que celui autorisé par les règles de compétence territoriale.

En cas d'erreur (le conseil saisi n'est pas géographiquement le « bon »), la partie qui y a intérêt (employeur ou salarié) doit soulever « l'exception d'incompétence ». Le conseil de prud'hommes ne peut en effet relever lui-même son incompétence que si la personne attaquée (le « défendeur ») ne se présente pas au procès. Une fois l'incompétence soulevée, la procédure doit être recommencée devant le « bon » conseil.

Trouver « son » conseil de prud'hommes
S'il existe plusieurs conseils de prud'hommes dans le département du lieu de travail ou du domicile du salarié – lorsque celui-ci ne travaille pas dans un établissement - il est possible de connaître le conseil territorialement compétent en contactant la mairie du lieu de travail ou du domicile, son syndicat ou la DDTEFP.

... mais quelques exceptions

Le conseil de prud'hommes territorialement compétent n'est pas en mesure de fonctionner : un autre conseil de prud'hommes – voire un tribunal d'instance – est désigné par le premier président de la cour d'appel.

L'employeur ou le salarié en conflit est conseiller prud'hommes dans le conseil territorialement compétent : le litige peut être présenté devant un conseil de prud'hommes limitrophe.

Le contrat, source du conflit, est un contrat de travail international (en raison par exemple du lieu d'embauche ou d'exécution du contrat) : il peut contenir une clause confiant les litiges à une juridiction étrangère. Sauf dans certains cas, cette clause est valable. Par ailleurs, des conventions internationales peuvent fixer des règles particulières en matière de compétence territoriale.

Les règles européennes

La Convention de Bruxelles du 27 septembre 1968 et la convention de Lugano (du 16 septembre 1988, révisée le 26 mai 1989), conclues entre les États de l'Union européenne et ceux de l'Association européenne de libre échange (AELE), déterminent les règles de compétence applicables aux litiges nés d'un contrat de travail international.

Ces conventions posent pour principe la compétence du tribunal du lieu d'exécution du travail lorsque celui-ci est accompli dans un même pays et admettent la validité des clauses désignant la juridiction compétente en cas de litige (clauses attributives de compétence).

II

QUELLE ORGANISATION ?

Les conseillers prud'hommes : qui sont-ils ?

Des employeurs, des salariés élus

Être candidat, une possibilité largement ouverte

Salarié ou employeur, quiconque peut être candidat à l'élection prud'homale s'il remplit certaines conditions :

- avoir 21 ans révolus le jour du scrutin. Par exemple, pour les élections de 2002, le candidat doit avoir atteint ses 21 ans à la date du scrutin ;
- être de nationalité française ;
- n'avoir fait l'objet d'aucune interdiction, déchéance ou incapacité relative à ses droits civiques ;
- être inscrit sur une liste électorale prud'homale ou remplir les conditions pour y être inscrit.

fiche 3
page 112

Et aussi
Peuvent également être candidats, les anciens électeurs, c'est-à-dire les personnes ayant été inscrites sur une liste électorale prud'homale (en qualité d'employeur ou de salarié) pendant une période minimale de 3 ans et ce, au titre d'une activité exercée depuis moins de 10 ans.
À noter également
Les conseillers prud'hommes, élus pour 5 ans, sont rééligibles.

Côté salarié, peuvent se présenter les personnes titulaires d'un contrat de travail de droit privé, en cours d'exécution ou de suspension (congé maternité, congé parental ou encore congé sabbatique…) mais également – sous certaines conditions – les demandeurs d'emploi, les bénéficiaires d'une formation, les retraités.

Demandeurs d'emploi

Peuvent être candidats aux élections prud'homales, les salariés involontairement privés d'emploi (SIPE). Est considéré comme tel le salarié attestant sur l'honneur être à la recherche d'un emploi et n'avoir pas quitté volontairement, sans motif reconnu légitime, sa dernière activité professionnelle. Il s'agit, par exemple, des personnes sans emploi au terme d'un contrat à durée déterminée, de salariés licenciés…

Côté employeur, peuvent être candidates les personnes qui emploient (pour leur compte ou pour celui d'autrui) au moins un salarié et notamment :

- les associés en nom collectif ;
- les présidents de conseil d'administration ;
- les PDG de sociétés anonymes ;
- les gérants de SARL ou d'entreprises unipersonnelles à responsabilité limitée (EURL) ;
- les cadres munis d'une délégation particulière d'autorité, obligatoirement écrite, leur donnant par exemple le pouvoir d'embaucher et de licencier ou d'engager l'entreprise à l'égard de clients, de fournisseurs…

Mais quelques cas d'inéligibilité…

Sont inéligibles les personnes qui ne remplissent pas les conditions mentionnées ci-dessus, mais aussi les anciens conseillers prud'hommes :

- déclarés déchus à la suite de manquements graves à leurs devoirs ou d'une condamnation pénale entraînant leur inéligibilité. Celle-ci est sans limitation de durée ;
- ayant refusé de prendre leurs fonctions ou déclarés démissionnaires d'office par la cour d'appel. Dans ce cas, le délai d'inéligibilité est fixé à 5 ans.

...et d'incompatibilité

Un conseiller prud'homme ne peut être par ailleurs :

- membre d'un tribunal de commerce ;
- conseiller du salarié, inscrit en tant que tel sur une liste établie par le préfet de département.

De plus, une personne ne peut être candidate que dans un seul conseil de prud'hommes et uniquement dans le collège et la section dont elle relève : section industrie, commerce, agriculture, activités diverses ou encadrement (*voir « Des sections spécialisées : dans quel but ? » page 39*).

Où être candidat ?

Les candidats peuvent se présenter au choix :

- dans la section du conseil de prud'hommes où ils sont inscrits en tant qu'électeurs (ou l'ont été ou, n'ayant jamais été inscrits, celle dont ils relèvent) ;
- dans la section de même nature d'un conseil limitrophe. Ainsi, par exemple, un candidat inscrit dans la section « encadrement » du conseil de prud'hommes de Nanterre peut se présenter dans la même section, au conseil de Boulogne-Billancourt.

> ***À savoir***
> *Les retraités sont éligibles au conseil de prud'hommes dans le ressort duquel est situé leur domicile ou bien au conseil de leur dernière inscription.*

Comment procéder ?

■ S'inscrire sur une liste

Susceptibles d'être élaborées par des organisations de différentes natures (associations par exemple), les listes des candidats sont, le plus souvent, établies par les syndicats de salariés et d'employeurs pour chaque conseil de prud'hommes et par section. À noter que dans le cadre de l'élaboration de la liste les organisations sont représentées par un responsable désigné sous le nom de « mandataire de la liste ».

Indépendance et égalité : de nouvelles règles pour établir la liste des candidatures

• *Indépendance : la loi du 16 novembre 2001 relative à la lutte contre les discriminations interdit l'accès aux élections prud'homales des listes présentées par un parti politique ou par une organisation prônant des discriminations, quels que soient leurs fondements (race, sexe, mœurs, convictions religieuses,...) et dont l'objectif est étranger à l'institution prud'homale.*

• *Égalité : conformément à la loi du 9 mai 2001 relative à l'égalité professionnelle, les organisations présentant des listes doivent faire en sorte de présenter une proportion de femmes et d'hommes réduisant d'un tiers (par rapport aux élections de 1997) l'écart entre :*

- *la représentation des femmes candidates et*
- *la part des électrices dans le corps électoral.*

L'objectif : favoriser la progression du pourcentage de femmes élues dans les conseils de prud'hommes.

En pratique, il convient donc de se rapprocher de l'organisation syndicale - patronale pour les employeurs – de son choix afin de proposer sa candidature.

Information obligatoire

Dans les trois mois qui précèdent le début de la période de dépôt des listes de candidatures à la préfecture, le mandataire de liste informe l'employeur qu'un de ses salariés a l'intention de se présenter aux élections. L'information prend la forme d'une lettre recommandée avec accusé de réception ou remise contre récépissé. Elle est communiquée simultanément à l'inspecteur du travail. L'objectif : assurer la protection du candidat (voir « Les conseillers prud'hommes : quel statut ? » page 32).

Fournir des documents

Les listes de candidature font l'objet d'une déclaration collective, auprès du préfet de département, de la part des organisations qui les ont établies. À cette déclaration sont jointes :

- une déclaration sur l'honneur de l'organisation concernée justifiant de sa non-appartenance à un parti politique ou un groupe prônant les discriminations ;
- les déclarations individuelles de chaque candidat de la liste.

Dans ce but, le candidat doit fournir :

- une procuration écrite et signée, remise au mandataire de la liste des candidats (le plus fréquemment, son organisation syndicale ou patronale) ;
- une déclaration individuelle, destinée à la préfecture de département, qui précise notamment les nom, prénoms, date et lieu de naissance, adresse du candidat ;
- un document permettant de justifier de son identité. Un arrêté du ministre chargé du travail précise le type de documents recevables (photocopie de la carte d'identité…) ;
- une attestation sur l'honneur du candidat justifiant l'absence d'interdiction, de déchéance ou d'incapacité relative à ses droits civiques.

À noter

Les listes de candidatures sont affichées à la préfecture de département, à la mairie de la commune où le conseil de prud'hommes est installé et au secrétariat-greffe du conseil.
Dans les 10 jours qui suivent leur publication, les listes peuvent être contestées devant le tribunal d'instance par tout électeur ou mandataire d'une liste relevant du conseil de prud'hommes concerné ou encore par le préfet ou le Procureur de la République. La contestation peut également avoir lieu après le scrutin.
Dès la publication des listes, les salariés candidats aux fonctions prud'homales bénéficient d'une protection contre le licenciement (voir « Les conseillers prud'hommes : quel statut ? » page 37).

« L'installation » officialise l'entrée en fonctions

Le résultat des élections fait l'objet d'un procès-verbal transmis au préfet de département puis au procureur de la République. Dans le mois qui suit, celui-ci invite, parmi les conseillers nouvellement élus, ceux qui n'ont jamais exercé de fonctions judiciaires dans un conseil de prud'hommes à se présenter à l'audience de ce tribunal.

Les conseillers concernés prêtent alors individuellement serment.

La formule du serment
« Je jure de remplir mes devoirs avec zèle et intégrité et de garder le secret des délibérations. »

L'entrée en fonction effective (« l'installation ») de l'ensemble des conseillers a lieu lors de la première assemblée générale du nouveau conseil (*voir « Qui fait quoi ?» page 42*).

Information obligatoire
*Afin de lever toute incertitude quant à la protection du conseiller prud'homal contre la rupture de son contrat de travail (*voir « Les conseillers prud'hommes : quel statut ? » page 37*), dans les huit jours de l'installation d'un salarié comme conseiller prud'homme, le greffier du conseil adresse à l'employeur de l'élu, un courrier l'informant de la date d'entrée en fonction de l'intéressé.*

Le refus d'installation met fin au mandat

Lorsque, sans motif légitime et après mise en demeure, un conseiller prud'homme refuse de prendre ses fonctions, la cour d'appel peut le déclarer démissionnaire d'office.

Dans ce cas, l'intéressé devient inéligible pendant un délai de 5 ans.

Les autres obstacles à l'exercice du mandat
Le mandat de conseiller prud'homme peut être suspendu ou son titulaire déchu de ses fonctions, en cas de manquements graves à ses devoirs (accomplissement de faits de nature à entraîner des sanctions pénales, acceptation d'un mandat impératif, cas de déni de justice...).

fiche 2
page 102

Enfin, lorsqu'il existe des motifs de nature à faire douter de son impartialité dans une affaire, le magistrat peut être récusé et, en conséquence, être remplacé pour le traitement du litige concerné. La récusation n'est possible que dans des cas très précis, notamment si le conseiller prud'homme est parent avec l'une des parties ou lorsqu'il est son salarié ou son employeur. Elle peut être demandée par la partie (demandeur ou défendeur) qui doute de la partialité du conseiller à son égard.

Les conseillers prud'hommes : quel statut ?

Afin de favoriser l'exercice des fonctions prud'homales, certaines prérogatives sont reconnues aux conseillers prud'hommes. Plusieurs d'entre elles bénéficient à l'ensemble des conseillers (salariés ou employeurs). D'autres sont spécifiquement réservées aux conseillers salariés qui bénéficient ainsi de garanties particulières.

Pour les conseillers employeurs et salariés

Une indemnisation du temps passé à l'exercice des fonctions prud'homales

Des « vacations », c'est-à-dire des sommes forfaitaires horaires, sont versées mensuellement aux conseillers prud'hommes sans activité professionnelle ou qui exercent leurs fonctions prud'homales en dehors de leur temps de travail.

Parmi les conseillers relevant du collège salarié, peuvent bénéficier de vacations :

- les retraités ;
- les demandeurs d'emploi ;
- les salariés exerçant leur mandat hors du temps de travail. Ainsi, par exemple, le travailleur de nuit, le salarié à temps partiel ou le bénéficiaire de journées libres dans le cadre de la réduction du temps de travail peut – lorsqu'il exerce ses fonctions prud'homales pendant le temps non travaillé – percevoir une indemnisation.

Fixé par décret, le taux des vacations des conseillers salariés est égal à 6,05 €/heure.

Côté employeurs, sont concernés les conseillers ayant cessé leur activité professionnelle ou dont les fonctions prud'homales se déroulent avant 8 heures et après 18 heures,

Lorsqu'un élu d'un collège employeur exerce ses fonctions prud'homales entre 8 heures et 18 heures, il perçoit de l'État des vacations horaires égales à 12,10 €. En revanche, pour les heures de fonctions exercées avant 8 heures et après 18 heures ou les conseillers qui ont cessé leur activité professionnelle, la vacation est fixée à 6,05 €/heure.

La prise en charge des frais de déplacement

L'État prend en charge, sur une base forfaitaire, les frais de déplacement :

- des conseillers appelés à prêter serment ;
- des conseillers rapporteurs, pour l'exercice de leurs missions (*voir «Qui fait quoi ?» page 46*) ;
- des conseillers, pour l'exercice de leurs fonctions prud'homales et à condition que le siège du conseil soit situé à plus de 5 kilomètres de leur lieu de travail habituel ou de leur domicile.

La formation à l'exercice des fonctions prud'homales

Employeur ou salarié : tout conseiller prud'homme peut bénéficier d'une formation spécifique. Son objet ? Permettre à l'intéressé d'acquérir ou d'approfondir ses connaissances en matière de droit du travail, de procédure prud'homale...

Financée par l'État, la formation est dispensée soit par un établissement public ou institut de formation des personnels de l'État, soit par un organisme agréé par le ministre chargé du travail. La liste des prestataires de formation bénéficiaires d'un tel agrément est publiée au Journal officiel.

À noter que, lorsqu'il est salarié, le conseiller prud'homme peut bénéficier d'une autorisation d'absence de la part de son employeur afin de suivre une formation à l'exercice de ses fonctions prud'homales.

Aucune condition n'est requise. Ainsi, dès son élection, un salarié élu peut se former pendant le temps de travail quels que soient :

- le collège (salarié ou employeur) dans lequel il est élu ;
- le secteur professionnel où il travaille ;
- son ancienneté, sa qualification…

La durée du congé : 6 semaines maximum par mandat (soit 36 jours ouvrables). Cette durée doit toutefois être fractionnée : l'absence du salarié au titre de la formation prud'homale ne peut en effet excéder 2 semaines par an.

La procédure : le salarié adresse à l'employeur – par lettre recommandée avec accusé de réception – une demande d'autorisation d'absence :

- au moins 30 jours à l'avance, si l'absence est au moins égale à 3 jours de travail consécutifs ;
- 15 jours à l'avance dans les autres cas.

L'employeur ne peut s'y opposer et pendant le congé, il est tenu de maintenir la rémunération du salarié.

Le financement

Le coût de la formation est pris en charge par l'État dans le cadre de conventions conclues avec les organismes de formation. Ces derniers remboursent aux salariés leurs éventuels frais de déplacement et de séjour. Quant aux rémunérations, obligatoirement maintenues par l'employeur, celui-ci a la possibilité d'en demander le remboursement à son OPCA (organisme paritaire collecteur agréé) ou, dans certains cas, d'imputer les sommes correspondantes sur son budget formation.

Pour les salariés : des garanties particulières

Un droit à l'absence…

Obligation de l'employeur à l'égard d'un salarié élu conseiller prud'homme : lui laisser le temps nécessaire pour se rendre et participer aux diverses réunions et séances qu'impliquent ses fonctions.

Précisions
L'absence du salarié peut donc être motivée par sa nécessaire participation aux séances du bureau de conciliation, du bureau de jugement, aux audiences de référé, à l'exécution et au contrôle des mesures d'instruction, aux délibérés, commissions, assemblées générales du conseil, aux tâches administratives (pour les présidents et vice-présidents) et par le temps de trajet pour s'y rendre.

Si le conseiller prud'homme concerné est élu dans un collège salarié, le temps passé hors de l'entreprise à l'exercice de ses fonctions est assimilé à une durée effective du travail : ce temps est obligatoirement pris en compte pour la détermination de la durée des congés payés, du droit aux prestations d'assurances sociales et aux prestations familiales ainsi que pour tous les droits que le salarié tient de son ancienneté dans l'entreprise.

De même, s'il travaille en continu ou en discontinu (travail posté) et afin de lui garantir un temps de repos minimum, le salarié bénéficie d'un aménagement de ses horaires.

… assorti d'une rémunération

Les absences du conseiller prud'homme élu dans un collège salarié n'ont aucune incidence sur sa rémunération et les avantages afférents (primes, intéressement, congés payés…) : ils sont intégralement maintenus, y compris lorsque l'absence est justifiée par le temps de transport.

fiche **3**
page 112

Cadres élus dans un collège employeur
Lorsqu'ils font partie du collège employeur, les salariés perçoivent non pas leur rémunération, mais une vacation horaire.

Le régime applicable aux autres conseillers employeurs leur est, en effet, applicable (voir ci-dessus).

L'employeur verse donc normalement le salaire et les avantages. Toutefois, ces sommes – avec les charges sociales correspondantes – lui sont remboursées par l'État.

Des cas particuliers

Des conditions d'indemnisation particulières sont prévues pour certains salariés. Sont concernés :

- *Les personnes uniquement rémunérées à la commission. Leurs indemnités sont calculées en fonction des revenus déclarés aux services des impôts l'année précédente.*
- *Les présidents et vice-présidents de conseils de prud'hommes et de certaines sections, pour le temps passé aux tâches administratives. Leur indemnisation est plafonnée selon un quota d'heures mensuel d'autant plus élevé que l'activité du conseil de prud'hommes concerné est importante.*

À noter aussi

- *Les salariés en travail posté de nuit peuvent renoncer à leurs vacations en contrepartie de repos avec maintien de la rémunération, remboursée à l'employeur par l'État.*
- *Pour les salariés travaillant hors établissement (à l'exception de ceux rémunérés uniquement à la commission) toute heure consacrée aux fonctions prud'homales entre 8 heures et 18 heures peut être considérée comme temps de travail et rémunérée comme telle par l'employeur, lequel est remboursé par l'État.*

De même, lorsque l'horaire de travail habituellement pratiqué par le salarié est supérieur à la durée légale du travail et donne lieu en conséquence à majoration pour heures supplémentaires, cette majoration est répartie en proportion du temps passé dans l'entreprise et auprès du conseil, entre l'État et l'employeur.

Le remboursement des rémunérations par l'État est effectué mensuellement, sur présentation d'une copie du bulletin de paie et d'un état établi par l'employeur, contresigné par le salarié. Ce document précise l'ensemble des absences rémunérées et les autres éléments nécessaires au calcul du montant du remboursement.

La demande est adressée par l'employeur au secrétariat-greffe du conseil de prud'hommes.

Une protection contre la rupture du contrat de travail

Élu dans le collège salarié ou dans le collège employeur, le salarié conseiller prud'homme bénéficie d'une protection qui se traduit pour l'employeur par :

- l'interdiction de rompre le contrat de travail pour un motif lié à l'exercice du mandat prud'homal ;
- l'obligation de demander à l'inspecteur du travail l'autorisation de licencier le salarié.

Cette autorisation doit également être obtenue lorsque le licenciement concerne :

- un ancien conseiller ayant cessé ses fonctions prud'homales depuis moins de 6 mois ;
- le candidat aux fonctions de conseiller, pendant les 3 mois suivant la publication des listes de candidatures et ce, dès que l'employeur a reçu la notification de la candidature du salarié ou lorsque celui-ci apporte la preuve que l'employeur a eu connaissance de l'imminence de sa candidature.

Les titulaires de contrat à durée déterminée et les intérimaires aussi

La rupture anticipée du contrat ou son non-renouvellement ne peuvent intervenir qu'après décision de l'inspecteur du travail.

Sanction du licenciement sans autorisation de l'inspecteur du travail : le salarié peut demander sa réintégration dans l'entreprise. S'il ne le fait pas, il doit percevoir le montant de la rémunération qui aurait dû lui être versée entre le licenciement et l'expiration de la période de protection, et dans la limite de la durée de la protection accordée aux délégués du personnel ou membres du comité d'entreprise, soit 2 ans (durée du mandat des représentants du personnel) plus 6 mois (durée de protection à l'issue du mandat).

> ***Exemple***
> *Un salarié est licencié sans autorisation de l'inspecteur du travail alors qu'il exerce un mandat prud'homal depuis 1 an. Il ne demande pas sa réintégration. L'employeur doit donc lui verser l'équivalent de 30 mois de salaire: 2 ans de rémunération (durée de protection des représentants du personnel, applicable aux conseillers prud'hommes) majorés de 6 mois (période de protection des anciens représentants du personnel).*

Outre les indemnités de rupture, le conseiller peut obtenir, au titre du préjudice subi, une indemnité dont le montant est au moins égal à 6 mois de salaire.

Un statut pénalement protégé

L'ensemble des règles relatives au statut du conseiller prud'homme salarié doivent être respectées sous peine de sanctions pénales.

Ainsi, empêcher un salarié de s'absenter pour exercer ses fonctions prud'homales ou se former, le licencier sans autorisation de l'inspecteur du travail, diminuer sa rémunération ou ses avantages pour un motif lié à l'exercice de son mandat… sont des faits qui constituent un délit d'entrave susceptible d'être puni d'un emprisonnement et/ou d'une amende.

Des sections spécialisées : dans quel but ?

En principe, chaque conseil de prud'hommes est divisé en cinq sections autonomes, dont quatre pour les grands secteurs d'activités.

4 sections pour les principaux secteurs d'activités...

Elles concernent :

- l'industrie ;
- le commerce ;
- l'agriculture ;
- les activités diverses.

> ***Les activités diverses***
> *Il s'agit de toutes celles qui ne relèvent pas de l'industrie, du commerce, de l'agriculture. Elles visent par exemple les activités libérales, artistiques, l'enseignement... mais également celles exercées par les employés de maison, les concierges et gardiens d'immeubles à usage d'habitation.*

Cependant, lorsque dans le ressort d'un tribunal de grande instance (TGI), il existe plusieurs conseils de prud'hommes, une seule section agricole est mise en place. Rattachée à un conseil déterminé, elle est alors commune à l'ensemble des conseils concernés. De même, dans un département comprenant plusieurs conseils de prud'hommes, le nombre de sections agricoles peut être réduit en tenant compte du nombre et de la variété des affaires traitées. Un décret détermine alors le ou les conseils de prud'hommes auprès desquels les sections agricoles sont rattachées.

... et 1 section pour les cadres

Une section est spécialement constituée pour les cadres et les salariés assimilés, c'est-à-dire :

- les ingénieurs et les personnes qui, sans exercer de commandement, ont une formation équivalente (constatée ou non par un diplôme) ;
- les salariés avec une formation technique, administrative, juridique, commerciale ou financière et qui exercent un commandement par délégation écrite de leur employeur ;
- les agents de maîtrise disposant d'une délégation écrite de commandement ;
- les voyageurs, représentants, placiers (VRP).

fiche 3
page 112

À noter que ces mêmes personnes votent, lors des élections des conseillers prud'hommes, dans la section encadrement.

Leur mission : résoudre les litiges relevant de leur domaine professionnel

Dans chacune des sections, siègent des conseillers issus du secteur qu'elle représente ou, pour la section encadrement, des conseillers salariés cadres ou employeurs de cadres.

fiche 4
page 118

Une composition paritaire

Chaque section est composée d'un nombre égal de conseillers salariés et de conseillers employeurs (en principe, au moins 3 par collège). À leur tête : un président et un vice-président (fonctions occupées alternativement par un conseiller salarié et un conseiller employeur) élus tous les ans par l'assemblée générale de section et responsables du fonctionnement de celle-ci.

Leur rôle ? Traiter les litiges (par la conciliation ou à défaut, par jugement – voir ci-dessous) relevant de leur domaine d'activité avec cet atout majeur : l'expérience du contexte économique et social dans lequel le conflit s'est développé.

Ainsi, des conseillers, professionnels du secteur du commerce par exemple, sont davantage en mesure d'étudier de façon objective et pratique les litiges survenus entre un employeur et un salarié travaillant dans leur secteur d'activité.

Le critère de répartition entre les sections? L'activité principale de l'employeur, c'est-à-dire celle au titre de laquelle il occupe le plus grand nombre de salariés, détermine l'attribution des litiges à telle ou telle section.

Ainsi, les ouvriers et employés d'une entreprise industrielle relèvent de la section de l'industrie, et ce indépendamment de la profession qu'ils exercent. En revanche, pour les cadres, seul compte leur statut professionnel : ils dépendent de la section encadrement, quelle que soit l'activité de l'employeur (*voir « À quel conseil, à quelle section s'adresser? » page 57*).

> ***À noter***
> *En cas de difficulté de répartition entre les sections, le président du conseil de prud'hommes désigne la section compétente.*

Une possibilité : la création de chambres

Dans les conseils les plus importants, au vu du nombre de litiges à traiter, le premier président de la cour d'appel peut, sur proposition de l'assemblée générale du conseil de prud'hommes, décider la création d'une ou plusieurs chambres au sein d'une section. Chacune se voit alors attribuer certaines catégories de litiges (congés, licenciement...).

fiche 5
page 120

Une obligation : dès lors qu'une section comporte plusieurs chambres, l'une d'entre elles doit être spécialement affectée aux conflits relatifs aux licenciements pour motif économique.

Chaque chambre comprend au moins 4 conseillers employeurs et 4 conseillers salariés, parmi lesquels un président et un vice-président dont la mission est d'assurer l'administration et la discipline de la chambre concernée.

Qui fait quoi ?

fiche 6
page 122

Assemblée générale, président et vice-président, bureau de conciliation, bureau de jugement, formation de référé, conseillers rapporteurs, secrétariat greffe : chacun, dans la mission qui lui est dévolue, assure le bon fonctionnement d'un conseil de prud'hommes. À signaler également le rôle du Conseil supérieur de la prud'homie, organisme national tripartite, dans l'organisation et le fonctionnement des conseils de prud'hommes.

L'assemblée générale : assurer l'organisation du conseil

Composée de l'ensemble des conseillers prud'hommes, l'assemblée générale des prud'hommes se réunit :

- tous les ans, au mois de janvier, pour élire le président et le vice-président du conseil (assemblée générale élective) ;
- à la demande du Premier président de la cour d'appel, du président ou du vice-président du conseil, de la majorité des conseillers prud'hommes.

Ses missions :

- élaborer et modifier le règlement intérieur du conseil de prud'hommes, lequel précise notamment les jours et heures des audiences et peut prévoir la création d'un bureau administratif au rôle consultatif ;
- proposer la création de chambres au sein des sections ;
- élire les conseillers appelés à siéger en formation de référé.

Les débats de l'assemblée générale font l'objet d'un procès-verbal rédigé par le greffier en chef et transmis au Premier président de la cour d'appel et au procureur général près de la cour d'appel.

À noter que l'assemblée générale se décline par sections et, s'il en existe, par chambres. Ainsi, outre l'assemblée générale du conseil de prud'hommes, peuvent être réunies des assemblées de section et des assemblées de chambre.

Elles ont pour rôle d'élire, tous les ans, leurs président et vice-président, de déterminer – dans le respect des règles définies par l'assemblée générale du conseil – leur mode de fonctionnement.

Le président, le vice-président : administrer le conseil de prud'hommes

Élus chaque année par l'assemblée générale du conseil de prud'hommes, un président et le vice-président assument des fonctions essentiellement administratives.

> *Une double alternance*
> *Si une année donnée, le président est issu du collège employeur, le vice-président est un conseiller prud'homme salarié. L'année suivante, l'alternance inverse doit être respectée (un président salarié, un vice-président employeur).*

fiche 4
page 118

Ainsi, en cas de difficulté d'attribution d'une affaire à une section déterminée, le président – après avis du vice-président – désigne par ordonnance la section compétente (voir ci-dessous). À ce pouvoir d'administration judiciaire, s'ajoutent des compétences en matière d'administration et de discipline :

- affectation temporaire de conseillers prud'hommes dans une section en cas de difficultés de fonctionnement de cette section ;
- convocation et présidence des assemblées générales ;
- désignation de conseillers prud'hommes remplaçants ;
- mise en demeure de siéger à l'encontre de conseillers défaillants…

Le bureau de conciliation : rechercher un accord entre les parties

Première étape de la procédure prud'homale (*voir «La procédure prud'homale: quelles étapes? »page 71*), la conciliation se déroule devant deux conseillers prud'hommes (l'un salarié, l'autre employeur) lesquels forment le bureau de conciliation.

Au moins un bureau par section
Chaque section dispose d'au moins un bureau de conciliation. Si elle est divisée en chambre, le ou les bureaux se situent au niveau de chaque chambre.

La présidence du bureau est assurée alternativement par le conseiller salarié ou le conseiller employeur selon un roulement défini par le règlement intérieur de la section (ou de la chambre) concernée.

La mission du bureau de conciliation: écouter les explications du salarié et de l'employeur en conflit, tenter de trouver un accord respectueux des intérêts de chacun. Toutefois, au-delà de ce rôle de conciliation, le bureau peut – dans certains cas – prendre des décisions: remise de certificat de travail, d'attestations, versement d'une provision, demande de mesures d'instruction… (*voir « La procédure prud'homale: quelles étapes? » page 71*).

Non-publiques (sauf si le bureau prend des décisions), les séances du bureau de conciliation ont lieu au moins une fois par semaine.

Le bureau de jugement : trancher le litige

Chaque section, ou chaque chambre, comprend au moins un bureau de jugement. Sa composition: au moins deux conseillers salariés et deux conseillers employeurs, parmi lesquels un président et un vice-président siégeant alternativement.

Le bureau de jugement a pour mission de trancher le conflit qui lui est soumis: après un débat oral et public, il doit prendre une décision de nature à mettre un terme au litige (*voir « La procédure prud'homale: quelles étapes? » page 75*).

fiche 4
page 118

La conciliation est toujours possible
Un accord entre les parties peut encore intervenir devant le bureau de jugement.

Le référé prud'homal : juger l'évidence rapidement...

Caractéristique du référé : prendre rapidement la décision qui s'impose lorsque, présentée par l'employeur ou le salarié, la demande n'est pas sérieusement contestable ou lorsqu'il s'agit de faire cesser un trouble manifestement illicite (*voir «La procédure de référé prud'homal : quelles caractéristiques ? » page* 77).

Exemples
Le référé prud'homal peut accorder une provision sur indemnité pour licenciement sans cause réelle et sérieuse lorsque la lettre de licenciement n'indique pas le motif de celui-ci (demande non sérieusement contestable). Il peut également ordonner la réintégration d'un salarié licencié en raison de l'exercice de son droit de grève (trouble manifestement illicite).

Une demande relevant de la compétence du référé prud'homal peut ainsi faire l'objet d'une décision dans les quelques jours qui suivent son dépôt.

Attention : les décisions rendues par le référé prud'homal sont par nature provisoires et ne dispensent pas de soumettre le fond du litige à la procédure « classique », devant le bureau de conciliation et le bureau de jugement (*voir « La procédure de référé prud'homal : quelles caractéristiques ? » page 77*).

... au sein d'une formation spécifique

Commune à l'ensemble des sections, la formation de référé est obligatoirement mise en place dans chaque conseil de prud'hommes. Elle est composée d'un conseiller salarié et d'un conseiller employeur.

L'assemblée générale du conseil de prud'hommes (*voir « L'assemblée générale : assurer l'organisation du conseil » page 42*)désigne tous les ans les conseillers employeurs et salariés appelés à siéger en référé et ce, en nombre suffisant afin de leur permettre d'assurer, selon le roulement défini par le règlement intérieur du conseil de prud'hommes, les audiences de référé.

La présidence est assurée alternativement par le conseiller salarié et le conseiller employeur.

Les jours et heures habituels des audiences de référé sont fixés par le règlement intérieur du conseil de prud'hommes. Au moins une audience par semaine doit être prévue.

Périodes de congés
Pendant les périodes de congés (« vacances judiciaires ») les audiences de référé sont maintenues.

Les conseillers rapporteurs : instruire l'affaire...

Compte tenu de la complexité d'un litige, des difficultés qu'il soulève, le bureau de conciliation, le bureau de jugement mais également la formation de référé peuvent décider de désigner, parmi les conseillers prud'hommes, un ou deux conseillers rapporteurs.

Précision
Lorsque deux conseillers rapporteurs sont désignés pour un même litige, ils doivent être respectivement employeur et salarié et mener ensemble leur mission.

Leur mission : instruire l'affaire, « la mettre en l'état », c'est-à-dire la préparer, éclaircir certains points, rechercher la vérité, réunir les éléments d'information nécessaires afin de permettre aux conseillers prud'hommes – selon le stade de la procédure – de concilier, de juger, de prendre une ordonnance de référé.

La décision qui désigne le ou les conseillers rapporteurs précise le délai dont il(s) dispose (nt) pour remettre son (leur) rapport.

… par divers moyens

Le conseiller rapporteur peut :

- entendre le salarié et l'employeur en conflit, leur demander des explications, les mettre en demeure de fournir – dans le délai qu'il fixe – des documents, des justificatifs… ;
- entendre toute personne qui peut aider à la manifestation de la vérité (un salarié ou un ancien salarié, un fournisseur…) ;
- procéder ou faire procéder à des mesures d'instruction (recours à un expert…).

En outre, lorsque le litige porte sur certaines formes de travail illégal (travail dissimulé, marchandage, prêt de main d'œuvre illicite), les conseillers rapporteurs peuvent obtenir tous renseignements et documents utiles des agents de contrôle d'administrations telles :

- la police judiciaire ;
- les douanes ;
- l'inspection du travail ;
- les services des impôts ;
- la sécurité sociale…

Le secrétariat-greffe : un service de l'État…

Composé de fonctionnaires du ministère de la Justice, non-subordonnés aux conseillers prud'hommes, le secrétariat-greffe est placé sous l'autorité d'un greffier en chef.

> ***Le greffier en chef***
> *Sous le contrôle du président du conseil de prud'hommes, le greffier en chef dirige les services administratifs de la juridiction. À noter qu'il peut être chargé de la direction de plusieurs secrétariats-greffes. Des greffiers en chef adjoints et des greffiers peuvent l'assister dans ses fonctions.*

... chargé de l'accueil du public...

Le secrétariat-greffe est l'interlocuteur privilégié du public : c'est, auprès de lui, par exemple, que les salariés ou les employeurs peuvent déposer leur demande afin de saisir le conseil de prud'hommes (*voir « Qui peut introduire la demande ? » page 55*). C'est également à ce service qu'il convient de s'adresser pour obtenir la copie d'un jugement ou la délivrance d'un document (certificat de non-appel...).

Les jours et les heures d'ouverture au public du secrétariat-greffe sont fixés, après avis du président du conseil de prud'hommes, par le Premier président de la cour d'appel.

Périodes de congés
Pendant les périodes de congés (« vacances judiciaires » durant lesquelles les conseillers ne siègent pas, sauf la formation de référé), une permanence du secrétariat-greffe est assurée.

... du suivi des affaires...

Sous la responsabilité du greffier en chef, le secrétariat-greffe tient à jour les dossiers, les registres, procède à la convocation des parties, à la mise en forme des décisions et à la notification des jugements...

Le greffier en chef, ou la personne qu'il délègue, assiste les conseillers prud'hommes lors des audiences du bureau de conciliation, du bureau de jugement et des audiences de référé.

Enfin, c'est au secrétariat-greffe que se trouvent les dossiers des affaires, les originaux des jugements, les archives.

État d'activité
Régulièrement, le greffier en chef transmet au ministère de la Justice un état de l'activité du conseil de prud'hommes.

... et du fonctionnement du conseil de prud'hommes

fiche 7
page 124

Chaque année, le greffier en chef prépare le projet de budget qu'il soumet au président et au vice-président du conseil de prud'hommes.

Il appartient également au greffier en chef de gérer les crédits alloués au conseil. Il veille à ce titre au fonctionnement matériel de la juridiction : acquisition, conservation, renouvellement du matériel, du mobilier, des revues et des ouvrages de la bibliothèque, entretien des locaux.

Vacations et remboursement de salaire
*Pris en charge par l'État, le versement des vacations accordées aux conseillers prud'hommes ainsi que le remboursement aux employeurs des rémunérations versées aux conseillers salariés sont effectués sur demande présentée au greffier en chef (*voir « Les conseillers prud'hommes : quel statut ? » page 32*).*

Enfin, le secrétariat-greffe est chargé de la convocation des assemblées générales du conseil auxquelles participe – sans droit de vote – le greffier en chef.

CONNAÎTRE LA PROCÉDURE DEVANT LE CONSEIL DE PRUD'HOMMES

2

La procédure prud'homale se caractérise par sa simplicité et son coût modéré, voire sa gratuité : saisir le conseil de prud'hommes exige peu de formalités, recourir à des professionnels du droit (avocat, huissier) n'est pas obligatoire...

fiche 4
page 118

Une fois engagé, le procès prud'homal se déroule conformément à certains principes tels :

- le contradictoire, garant des droits à la défense de chacune des parties ;
- l'oralité des débats, principe qui, sans exclure les écrits, rend la justice prud'homale accessible à tous ;
- la comparution personnelle, grâce à laquelle les parties peuvent être directement entendues par le conseil.

Dans le respect de ces principes, le procès s'articule autour de deux étapes : la conciliation et, si elle n'aboutit pas, le jugement. Le tout, dans le respect de la parité : bureau de conciliation et bureau de jugement sont en effet nécessairement composés, à part égale, de conseillers employeurs et de conseillers salariés. Et si, ensemble, ils ne parviennent pas à une décision commune, une troisième étape peut avoir lieu : le départage.

En amont de cette procédure, voire en parallèle, la formation de référé prud'homal peut être saisie lorsque des circonstances particulières exigent une décision de justice rapide. Cette étape éventuelle devant le référé prud'homal ne dispense pas toutefois de porter l'affaire devant le bureau de conciliation puis le bureau de jugement.

Une fois le jugement rendu, d'autres étapes peuvent se présenter : le recours devant la cour d'appel et/ou la cour de Cassation.

fiche 8
page 128

Mais avant d'engager une procédure, il peut être utile de recueillir conseils et informations afin d'agir en connaissance de cause. Conseils juridiques et organisations syndicales ou professionnelles peuvent fournir des renseignements pratiques, orienter les démarches... Le recours à l'inspecteur du travail ne doit pas non plus être négligé : s'il n'entre pas dans ses pouvoirs de régler un litige, il peut toutefois aider à prévenir les différends voire à permettre leur règlement amiable.

I

SAISIR LES PRUD'HOMMES : COMMENT FAIRE ?

Qui peut introduire la demande ?

Le plus souvent, les litiges présentés devant le conseil de prud'hommes opposent le salarié à son employeur (plus rarement deux salariés entre eux). Selon les circonstances, l'employeur peut présenter la « demande introductive d'instance » – c'est-à-dire provoquer le procès – et donc être le « demandeur », le salarié devenant alors le « défendeur ». Et inversement.

L'employeur

Même s'il est constaté que le cas est peu fréquent, un employeur peut toujours soumettre le litige qui l'oppose à son salarié devant le conseil de prud'hommes.

Exemples
Un employeur peut assigner son salarié devant les prud'hommes afin d'obtenir des dommages-intérêts pour violation d'une clause de non-concurrence ou la cessation, sous astreinte, de l'activité concurrentielle, ou encore pour non-respect du préavis.

Si l'employeur est une personne physique (un artisan par exemple), il lui appartient de saisir lui-même le tribunal.

En cas de décès
Le ou les héritiers de l'employeur décédé peuvent saisir les prud'hommes afin de régler un litige survenu avant le décès.

En revanche, si l'employeur est une personne morale (SARL, association…), il convient d'identifier la personne habilitée à introduire la demande devant le conseil de prud'hommes : le gérant dans le cadre d'une SARL, le président ou le directeur général dans une société anonyme, le président de l'association…

Il peut également s'agir d'une personne autorisée par les statuts ou les organes dirigeants de la personne morale à exercer, au nom de celle-ci, des actions en justice.

Le salarié…

C'est le titulaire du contrat de travail, objet du litige, qui saisit le conseil de prud'hommes.

S'il est mineur, le salarié doit – sauf impossibilité – se faire assister par son père, sa mère ou son tuteur.

…ou, dans certains cas, un syndicat

Toutefois, pour certains litiges individuels et lorsqu'une disposition du Code du travail le prévoit, les syndicats peuvent exercer une action devant le conseil de prud'hommes en lieu et place du salarié.

Dans des situations particulières, précisées par le Code du travail, les organisations syndicales peuvent, sans avoir à justifier d'un mandat du salarié – mais à condition de l'en avertir et qu'il ne s'y oppose pas – saisir les prud'hommes aux lieu et place de l'intéressé. Il en est ainsi par exemple, lorsque le différend porte sur :

- le respect de la législation sur le travail temporaire ;
- l'application d'une convention ou d'un accord collectif ;
- un licenciement pour motif économique…

Il en est de même pour d'autres types de litiges – mais sous réserve d'obtenir l'accord écrit de l'intéressé – tels ceux consécutifs à un harcèlement sexuel ou moral.

Les délégués du personnel aussi

Le Code du travail autorise les délégués du personnel à saisir le conseil de prud'hommes à la place du salarié victime d'une atteinte aux droits des personnes ou aux libertés individuelles (mesure discriminatoire, contrôle de la vie privée…). Une condition préalable à l'action du délégué du personnel : avertir l'intéressé qui doit ne pas s'y opposer.

À quel conseil, quelle section s'adresser ?

En principe, le conseil du lieu de travail...

Le demandeur – employeur ou salarié – doit s'adresser au conseil de prud'hommes dans le ressort duquel est situé l'établissement dans lequel le salarié exécute habituellement son travail (boutique, usine, bureau...).

Toutefois, si le salarié ne travaille pas dans un établissement déterminé (VRP par exemple) ou réalise ses prestations à domicile, la demande est portée devant le conseil de prud'hommes de son domicile.

Lorsque le demandeur est le salarié
Dans tous les cas, celui-ci peut choisir le conseil de prud'hommes du lieu où il a été engagé (lieu de signature du contrat de travail) ou celui dans le ressort duquel l'employeur est établi.

... et la section correspondant à l'activité de l'employeur

La section compétente est celle qui correspond à l'activité principale de l'employeur (commerce, agriculture, ...). Sauf pour le personnel d'encadrement et assimilé : c'est devant la section Encadrement que l'affaire doit être présentée (*voir « Des sections spécialisées : dans quel but ? » page 39*).

Sur la carte d'électeur
Un salarié peut connaître la section dont il relève en se reportant à sa carte d'électeur établie pour les élections prud'homales. À moins d'avoir changé de secteur d'activité ou d'être devenu cadre après l'établissement de la carte. Dans cette hypothèse, il peut s'adresser aux représentants du personnel, à son syndicat ou à l'inspecteur du travail pour connaître la section dont il relève.

Quelles démarches ?

Des formalités réduites

Saisir le conseil de prud'hommes exige peu de formalités.

Le demandeur a le choix :

• soit adresser la demande au secrétariat-greffe du conseil compétent, par lettre recommandée avec accusé de réception.

La lettre doit indiquer :

- le nom et les coordonnées du demandeur,
- sa profession ou, si le demandeur est employeur, sa qualité (gérant, président…),
- le nom et les coordonnées du défendeur,
- l'objet de la demande (les « chefs de demande », par exemple paiement de salaires, d'heures supplémentaires, d'indemnité, remise éventuellement sous astreinte de lettre de licenciement, de bulletins de paie… La demande doit être chiffrée),
- la section dont le litige relève ;

fiche 2
page 102

• soit se présenter personnellement devant le secrétariat-greffe. Celui-ci fournit un imprimé type dans lequel le demandeur précise notamment ses coordonnées et celles de son adversaire ainsi que l'objet de la demande et le détail des sommes réclamées.

Le secrétariat-greffe enregistre la demande, attribue un numéro de dossier et indique la section compétente à partir des indications données par le demandeur. Celui-ci reçoit un récépissé de sa demande et – soit verbalement en cas de présentation personnelle soit par lettre simple – est informé par le secrétariat-greffe des jour, heure et lieu de la séance du bureau de conciliation.

Le défendeur est, quant à lui, convoqué par le secrétariat-greffe par lettre recommandée avec accusé de réception, lettre l'informant notamment que, même s'il ne se présente pas à l'audience, le bureau de conciliation peut prendre des décisions à son encontre.

Référé, une saisine particulière
La demande présentée devant le référé prud'homal (voir « La procédure de référé prud'homal : quelles caractéristiques ? » page 77) *est effectuée comme dans le cadre de la procédure ordinaire (voir ci-dessus) ou par acte d'huissier (« assignation »).*

Attention, écueils !

Erreurs de compétence

Le « bon » conseil de prud'hommes (c'est-à-dire celui désigné par les règles de compétence territoriale – *voir « Le conseil de prud'hommes : quelles compétences ? » page 11*) ou la « bonne » section n'a pas été saisi(e) ? Le demandeur s'est trompé de conseil ou de section ?

L'affaire sera quand même examinée, mais l'adversaire ne manquera sans doute pas de soulever une « exception d'incompétence ». Et la procédure devra être recommencée devant le conseil ou la section effectivement compétent(e).

fiche **2**
page 102

À noter
Une décision rendue par le conseil de prud'hommes sur la question de sa compétence peut faire l'objet d'un recours devant la cour d'appel, par la voie du « contredit ».

Demande incomplète, erronée

La demande présentée au secrétariat-greffe doit comporter toutes les prétentions. Un conseiller prud'homme ne peut prendre l'initiative d'en rajouter.

Néanmoins, la demande peut être complétée ou modifiée à tout moment de la procédure (*même en cas de départage – voir page 76 ou devant la cour d'appel*). Peuvent ainsi être présentées des demandes dites « incidentes » (qui interviennent alors que le procès est déjà engagé), parmi lesquelles figurent les « demandes additionnelles » (qui modifient les prétentions initiales).

De son côté, le défendeur peut « riposter » aux demandes de son adversaire en formulant à son tour des prétentions, par le biais d'une « demande reconventionnelle ». Par exemple, un employeur auquel un salarié réclame le paiement de salaires, peut demander des dommages-intérêts pour procédure abusive.

Pas de nouveau procès
Conformément au principe de « l'unicité de l'instance » selon lequel toutes les demandes relatives au même contrat conclu entre les mêmes parties doivent donner lieu à un procès unique (sauf événement survenant postérieurement), il n'est pas possible d'intenter un nouveau procès pour les demandes « oubliées » au cours du premier.

Prescription

fiche 2
page 102

La prescription – c'est à dire l'écoulement d'un certain délai au-delà duquel il n'est plus possible de réclamer son dû – rend irrecevable une action devant le conseil de prud'hommes.

Exemple
5 ans est le délai de prescription en matière de salaire. En 1996, une prime de fin d'année n'est pas versée à un salarié. Celui-ci saisit les prud'hommes afin d'obtenir de son employeur le versement de ladite prime. Introduite en 2002, la demande est irrecevable : elle ne peut plus être jugée, le délai de prescription étant écoulé.

En revanche, saisir un tribunal alors que le terme du délai de prescription n'est pas atteint a un « effet interruptif » : le cours de la prescription s'interrompt. Pour ce, il suffit de se présenter au secrétariat-greffe ou de déposer la demande introductive d'instance (*voir « Qui peut introduire la demande ? » page 55*).

Exemple

1996, une prime de fin d'année – habituellement attribuée le 31 décembre – n'est pas versée à un salarié. Celui-ci saisit les prud'hommes en novembre 2001 afin d'en obtenir le paiement. L'affaire est jugée en 2002 : l'employeur ne peut pas invoquer la prescription puisque la demande a été introduite avant le terme du délai de prescription (5 ans en matière de salaire).

II

DEVANT LES PRUD'HOMMES : QUE SE PASSE-T-IL ?

Contradiction, oralité des débats : quelle signification ?

La contradiction ou la garantie de la loyauté des débats

fiche 9
page 132

Conformément au Nouveau Code de procédure civile, le principe dit « du contradictoire » implique la possibilité pour chaque partie de pouvoir critiquer les arguments et les démonstrations de son adversaire et ce, afin d'assurer les droits de la défense.

En pratique, ce principe se traduit par l'obligation de faire connaître à son adversaire, tout au long de l'instance et suffisamment à l'avance, les moyens de fait et de droit (arguments, documents, éléments de preuve...) dont chaque partie compte se prévaloir.

Il appartient aux conseillers prud'hommes de faire observer le principe de la contradiction, par exemple en imposant la communication d'un document à la partie adverse ou en l'écartant s'il n'a pas été communiqué en temps utile.

Dans tous les cas, le conseil de prud'hommes ne peut pas prendre en compte dans son jugement les arguments et preuves qu'une partie n'a pas pu examiner ou discuter.

L'oralité ou la primauté des débats sur l'écrit

La procédure prud'homale est orale : les parties s'expriment directement à l'audience, les écrits ne sont pas obligatoires.

Toutefois, l'oralité des débats ne doit pas empêcher chacun d'organiser sa défense puisque le respect du principe du contradictoire implique, quant à lui, que les parties se fassent connaître, mutuellement et en temps utile, leurs arguments.

Il est donc possible d'établir des écrits (conclusions, notes d'audience...) utilisés alors comme supports aux débats et destinés à les faciliter.

À noter que certains conseils imposent un délai pour communiquer à l'adversaire les arguments écrits (conclusions, notes...), les pièces (documents à l'appui de la demande : bulletins de salaires, attestations, lettre de licenciement) accompagnées d'un bordereau récapitulatif (liste des documents transmis pour information à la partie adverse) dont chaque partie entend se servir au cours des débats.

Et la comparution personnelle ?

Une obligation : se présenter en personne

Demandeur comme défendeur doivent se présenter en personne devant le conseil de prud'hommes.

En cas d'absence, si elle a été justifiée en temps utile et repose sur un motif légitime apprécié par le tribunal (maladie, obligation professionnelle, éloignement…), l'affaire est renvoyée à une date ultérieure. Dans le cas contraire (justification tardive ou motif non légitime), il y a caducité de la demande ou nouvelle convocation : tout dépend du stade de la procédure (bureau de conciliation ou bureau de jugement) et de la personne absente (demandeur ou défendeur) – (*voir « La procédure prud'homale : quelles étapes ? » page 71*).

Une possibilité : se faire représenter ou assister

La représentation du demandeur ou du défendeur lors d'une audience est possible en cas d'absence de l'intéressé pour motif légitime (maladie, obligation professionnelle, éloignement…). Le représentant va alors agir au nom de l'absent.

Précisions
- *Sauf s'il est avocat, le représentant doit être muni d'un mandat de l'intéressé.*
- *Le conseil de prud'hommes apprécie si la raison de l'absence est légitime.*

L'assistance consiste, pour le demandeur comme pour le défendeur, à se faire aider, conseiller par un « défenseur » pendant tout ou partie de la procédure.

Représentation et assistance ne peuvent être assurées que par les personnes énumérées par le code du travail. Chacune des parties doit donc choisir son défenseur ou son représentant parmi les personnes suivantes :

Pour le salarié	Pour l'employeur
• Salarié appartenant à la même branche d'activité • Membre d'une organisation syndicale • Conjoint • Avocat	• Employeur appartenant à la même branche d'activité • Membre d'une organisation professionnelle • Conjoint • Avocat • Membre de l'entreprise ou de l'établissement

Les mineurs

Ils doivent se faire assister par leur père, mère ou tuteur. En cas d'impossibilité, ils peuvent être autorisés par le conseil à agir seuls. Dans tous les cas – avec ou sans l'assistance du parent ou tuteur – ils peuvent choisir un assistant parmi les personnes énumérées ci-dessus.

Attention : en l'état actuel de la jurisprudence, même s'il figure dans la liste des personnes autorisées, l'assistant ou le représentant ne peut pas être par ailleurs conseiller prud'homal en exercice dans le conseil de prud'hommes saisi du litige.

Exemple

Une salariée en litige avec son employeur ne peut se faire représenter ou assister par son époux, par ailleurs membre du conseil de prud'hommes saisi.

L'intervention : de quoi s'agit-il ?

Au cours d'une procédure devant le conseil de prud'hommes, il peut advenir qu'une personne – autre que le demandeur et le défendeur – devienne partie au procès.

Appelé « intervenant », ce tiers par rapport au procès d'origine y est associé à titre volontaire ou forcé.

L'intervention volontaire : défendre des intérêts

Le Code du travail autorise certaines organisations ou organismes à s'immiscer dans un procès prud'homal afin de défendre leurs intérêts mis en jeu par le litige entre le salarié et son employeur.

Ainsi, l'Assédic peut formuler une demande en intervention dans le cadre d'un procès pour licenciement abusif, afin d'obtenir de l'employeur le remboursement des allocations de chômage versées au salarié. De même, l'intervention d'une organisation syndicale est possible lorsqu'il y a eu préjudice à l'intérêt collectif de la profession qu'elle représente. Par exemple, un syndicat peut intervenir dans le cadre d'un litige opposant un employeur au médecin du travail irrégulièrement licencié, licenciement considéré comme portant atteinte à l'intérêt collectif de la profession.

L'intervention forcée : impliquer un tiers dans la décision du conseil

L'intervention forcée (ou « mise en cause ») consiste pour le demandeur ou le défendeur à appeler un tiers au procès, lequel pourra alors être visé par la décision du tribunal.

Le Code du travail prévoit cette possibilité à l'encontre des organismes (tels l'Association de Garantie des Salaires (AGS) ou une caisse de congés payés) dont le rôle est de prendre en charge certaines obligations légales de l'employeur. Ces organismes peuvent ainsi être condamnés par le conseil de prud'hommes à régler aux salariés les indemnités de congés payés, des salaires…

La procédure prud'homale : quelles étapes ?

La conciliation : une étape préalable obligatoire...

fiche 10
page 136

La procédure prud'homale débute obligatoirement devant le bureau de conciliation (*voir « Qui fait quoi ? » page 42*). L'objectif : permettre aux parties de trouver une solution à leur litige en évitant le jugement.

La comparution devant le bureau de conciliation

Après la saisine du conseil de prud'hommes par le demandeur (*voir «Saisir les prud'hommes : comment faire ? » page 11*), les parties sont convoquées devant le bureau de conciliation.

Que se passe-t-il si l'une ou l'autre ne se présente pas (et ne se fait pas représenter) ?

- S'il s'agit du demandeur :

L'affaire est renvoyée à une date ultérieure si l'intéressé a justifié son absence en temps utile en invoquant un motif légitime (maladie, éloignement...).

En cas de justification tardive ou à défaut de motif légitime (apprécié par le bureau de conciliation), la demande est caduque et ne peut être renouvelée qu'une seule fois. À moins que le bureau de conciliation constate l'impossibilité pour le demandeur de se présenter au titre de sa deuxième demande à la suite d'un cas fortuit (grève des transports, hospitalisation de l'intéressé...). Dans cette hypothèse, la demande peut être présentée une troisième fois.

■ S'il s'agit du défendeur :

Plusieurs situations possibles :

- le défendeur invoque, en temps utile, un motif reconnu légitime par le bureau de conciliation. L'affaire est renvoyée à une séance ultérieure du bureau ;
- le défendeur est absent parce qu'il n'a pu, sans faute de sa part (erreur d'adresse par exemple), être joint par la première convocation. Il est convoqué à une nouvelle séance du bureau ;
- le défendeur, joint par la première convocation, est absent sans motif légitime et/ou en justifiant tardivement son absence. L'affaire est renvoyée, sur décision du bureau de conciliation, devant les conseillers rapporteurs (*voir « Qui fait quoi ? » page 42*) ou le bureau de jugement.

Même en l'absence du défendeur

Le bureau de conciliation peut ordonner certaines mesures (voir ci-dessous).

Devant le bureau de conciliation

Le bureau de conciliation entend les explications des parties, s'efforce de les concilier et dresse un procès-verbal.

À ce moment de la procédure, il peut y avoir :

- conciliation totale des parties (sur tous les points du litige). L'affaire est alors terminée. Le procès-verbal de conciliation fait office de jugement (en cas de non-exécution, il peut y avoir recours à un huissier de justice) ;
- conciliation partielle. Un accord est établi et consigné dans le procès-verbal de conciliation. Les prétentions encore contestées sont renvoyées devant le bureau de jugement ;
- absence totale de conciliation : les contestations qui subsistent et les déclarations des parties sur celles-ci sont consignées au dossier ou au procès-verbal. L'affaire est renvoyée devant le bureau de jugement ;
- prise de décisions provisoires.

fiche **2**
page 102

Décisions provisoires ?
Immédiatement exécutoires (qui peuvent être mises en œuvre sans délai), non susceptibles de recours (sauf avec la décision du bureau de jugement ou si le bureau de conciliation a excédé ses pouvoirs), les mesures provisoires prononcées par le bureau de conciliation n'ont pas « l'autorité de la chose jugée » : elles peuvent être remises en cause par le bureau de jugement.

Le bureau de conciliation peut ordonner, même en l'absence du défendeur :

- avec ou sans astreinte, la délivrance de documents (bulletins de salaires, certificat de travail, lettre de licenciement, attestation pour l'Assédic...) que l'employeur est légalement tenu de remettre au salarié ;
- si l'existence de l'obligation n'est pas sérieusement contestable (il n'y a aucun doute sur les droits du salarié), le versement de provisions sur les salaires et des accessoires du salaire, sur les commissions et diverses indemnités : indemnités de congés payés, de préavis, de licenciement, indemnité de fin de contrat à durée déterminée.

Le montant total des provisions allouées (chiffré par le bureau de conciliation) est limité à 6 mois de salaires, calculés sur la moyenne des trois derniers mois de salaires.

En référé aussi
*La délivrance de documents et le versement de provisions peuvent également être demandés, selon d'autres modalités, dans le cadre de la procédure de référé (*voir « La procédure de référé prud'homal: quelles caractéristiques ? » page 77*).*

- toute mesure d'instruction, même si les parties n'ont pas fait de demande en ce sens (nomination d'un expert...) ;
- toute mesure nécessaire à la conservation des preuves ou des objets litigieux (dépôt au secrétariat-greffe, saisie conservatoire...).

Enfin, s'il l'estime nécessaire, le bureau de conciliation peut désigner un ou deux conseillers rapporteurs chargés de mettre l'affaire en état d'être jugée (*voir « Qui fait quoi ? » page 42).*

À défaut, il renvoie l'affaire devant le bureau de jugement.

Ne pas oublier

Conformément au principe du contradictoire (voir « Contradiction, oralité des débats : quelle signification ? » page 65), *demandeur et défendeur doivent s'échanger, avant l'audience du bureau de jugement, leurs arguments (généralement exposés dans les « conclusions ») et éléments de preuve (bulletins de paie, attestations...). Le plus souvent, le bureau de conciliation fixe le délai de communication de ces documents.*

fiche 10
page 136

À noter que si les deux conseillers prud'hommes formant le bureau de conciliation ne parviennent pas à s'accorder sur une décision (partage des voix), l'affaire est renvoyée devant le même bureau de conciliation présidé par une troisième personne, magistrat professionnel : le juge d'instance. C'est la phase dite de « départage » (*voir « Le départage : une étape possible ? » page 76*).

... sauf dans certains cas

Dans certaines circonstances, l'étape devant le bureau de conciliation n'est pas obligatoire. L'affaire passe alors directement en jugement.

Les cas concernés ? Il s'agit :

- des contestations de créances dans le cadre d'une procédure de redressement ou de liquidation judiciaire ;
- des demandes de requalification d'un contrat à durée déterminée ou d'un contrat de travail temporaire en contrat à durée indéterminée ;
- des affaires portées en référé (voir ci-dessous) ;
- des demandes nouvelles (déposées après la conciliation), reconventionnelles ou réintroduites après caducité de la citation.

fiche 2
page 102

Par ailleurs le recours contre une décision de l'employeur refusant d'accorder certains congés (congé de création d'entreprise, de formation économique, sociale et syndicale, congé sabbatique) est porté directement devant le bureau de jugement statuant en référé.

En l'absence de conciliation : le jugement

La comparution devant le bureau de jugement

Après échec total ou partiel de la conciliation, les parties sont convoquées par le secrétariat-greffe (par lettre recommandée avec accusé de réception ou verbalement avec émargement au dossier) devant le bureau de jugement. La convocation mentionne les lieu, jour et heure de l'audience ainsi que les points restés litigieux.

fiche 10
page 136

Lorsque, le jour fixé pour le jugement, le défendeur n'est pas présent ou représenté, les conseillers prud'hommes jugent l'affaire, sauf si :

- le défendeur invoque, en temps utile, un motif reconnu légitime par le bureau de jugement. Il est alors convoqué à une audience ultérieure du bureau ;
- le défendeur est absent parce qu'il n'a pu, sans faute de sa part, être joint par la première convocation. Il est convoqué à une nouvelle séance du bureau.

Jugement par défaut
Un jugement rendu à l'encontre d'un défendeur absent qui n'a pu être joint peut – s'il n'est pas susceptible d'appel (jugement en dernier ressort – voir « L'appel » page 90) *– faire l'objet d'un recours appelé « opposition »* (voir « L'opposition » page 94).

Si le demandeur est absent, le bureau de jugement peut :

- juger l'affaire ;
- la renvoyer à une audience ultérieure ;
- déclarer la citation caduque. La demande peut alors être renouvelée une fois.

Devant le bureau de jugement

Il peut y avoir conciliation partielle ou totale pendant la phase de jugement. L'arrangement est alors constaté par le bureau par procès-verbal.

À défaut de conciliation, après un débat oral et mise en délibéré, le bureau prend une décision à la majorité absolue des voix.

> ***Avant de rendre le jugement***
> *Les conseillers peuvent décider des mesures d'instruction, la désignation d'un ou deux conseillers rapporteurs (*voir « Qui fait quoi ? » page 42*), une enquête, l'audition de témoins…*

Si la majorité requise ne peut se former, il y a recours au départage assuré par un magistrat professionnel, dit « départiteur » : le juge d'instance.

Le départage : une étape possible

fiche 10
page 136

Lorsque les conseillers prud'hommes ne parviennent pas à se mettre d'accord sur tout ou partie des questions qui leur sont soumises, l'affaire (ou seulement les prétentions qui n'ont pas fait l'objet d'une décision majoritaire) est renvoyée devant le même bureau de jugement présidé, cette fois, par le juge du tribunal d'instance.

> ***Devant le bureau de conciliation et la formation de référé aussi***
> *En cas de partage des voix au sein du bureau de conciliation ou de la formation de référé, il est fait appel au départage. L'affaire est alors recommencée devant le même bureau ou formation présidé(e) par le juge d'instance.*

Dans quel but ? Le recours à une tierce personne a pour fonction de permettre à une majorité de se dégager : parce qu'elle comporte un nombre impair de juges (les conseillers salariés et conseillers employeurs en nombre pair plus le juge d'instance), la formation de départage permet d'arrêter une décision.

Toutefois, si lors de l'audience de départage, le bureau de jugement ne peut se réunir au complet, le juge d'instance arrête la décision seul, après avoir pris l'avis des conseillers prud'hommes présents.

La procédure de référé prud'homal : quelles caractéristiques ?

En cas d'urgence, pour une demande non sérieusement contestable, prévenir un dommage imminent ou faire cesser un trouble manifestement illicite, la formation de référé prud'homal (*voir « Qui fait quoi ? » page 45*) peut être saisie. L'avantage de cette saisine : obtenir rapidement une décision (il existe au moins une audience de référé par semaine dans chaque conseil de prud'hommes) dont l'exécution est immédiate.

Toutefois, recourir au référé prud'homal n'est possible que dans des cas limités, à des conditions précises.

Saisir le référé prud'homal : dans quelles circonstances ?

Le référé prud'homal est chargé de traiter les cas d'urgence en ordonnant toute mesure qui ne se heurte à aucune contestation sérieuse (et donc qui n'induit pas de prendre parti sur le fond de l'affaire) ou justifiée par l'existence d'un différend.

Il peut également – même en cas de contestation sérieuse – être saisi dans le but d'empêcher un dommage imminent ou faire cesser un trouble manifestement illicite, c'est-à-dire la violation évidente d'un droit.

Exemples

Il y a trouble manifestement illicite lorsque la procédure de licenciement d'un salarié protégé (représentant du personnel…) n'a pas été respectée ou lorsque l'employeur – à l'encontre des règles sur l'interdiction des sanctions pécuniaires – procède à des retenues sur salaire à titre disciplinaire. La notion de dommage imminent s'apparente à celle de trouble manifestement illicite, à ceci près qu'elle suppose une réalisation non achevée (imminente) du trouble.

... à quel moment ?

La demande en référé peut intervenir à tout moment de la procédure prud'homale : avant la saisine du conseil de prud'hommes, pendant la phase de conciliation ou de jugement.

En revanche, il n'est plus possible de s'adresser à la formation de référé lorsqu'il y a eu jugement sur le fond (le bureau de jugement a rendu une décision sur l'affaire).

... et comment ?

La demande en référé peut être formulée :

- soit par lettre recommandée avec accusé de réception ou présentation personnelle du demandeur au secrétariat-greffe du conseil, comme dans le cadre de la procédure ordinaire (*voir « Quelle démarche ? » page 58*) ;
- soit par acte d'huissier. Une copie de cet acte (« l'assignation ») doit être remise, au plus tard la veille de l'audience, au secrétariat-greffe du conseil de prud'hommes.

Des pouvoirs précis

La formation de référé peut :

- ordonner toute mesure qui ne se heurte à aucune contestation sérieuse.

> ***Exemples***
> *Il est possible d'obtenir en référé la remise du certificat de travail ou de l'attestation de l'Assédic, obligation légale de l'employeur lors de la cessation du contrat de travail, ou des provisions sur indemnités de licenciement lorsque le droit au paiement de ces indemnités n'est pas sérieusement contestable.*

En revanche, s'il y a un doute sur le droit invoqué par le demandeur, le référé prud'homal ne peut pas se prononcer ;

- prendre des mesures conservatoires ou de remise en état destinées à éviter un dommage imminent ou faire cesser un trouble manifestement illicite.

Exemple
La formation de référé peut ordonner la continuation du versement des salaires à une salariée licenciée en état de grossesse ou, par voie d'astreinte, la cessation de l'activité concurrentielle exercée par un salarié au préjudice de son employeur.

En revanche, le référé prud'homal ne peut trancher le fond du litige, par exemple en annulant une sanction disciplinaire ou en qualifiant la faute (grave, lourde...) sur la base de laquelle un salarié a été licencié.

Cas particulier
Si elle considère que la demande présentée excède ses pouvoirs mais revêt une urgence particulière, la formation de référé peut – après avoir procédé elle-même à la tentative de conciliation – renvoyer l'affaire devant le bureau de jugement.

L'audience de référé se déroule selon les principes posés en matière prud'homale : contradictoire, oralité des débats (*voir « Contradiction, oralité des débats : de quoi s'agit-il ? » page 65*) et comparution personnelle (*voir « Et la comparution personnelle ? » page 67*).

Après avoir entendu les parties, la formation de référé prend une décision appelée « ordonnance ». Ses caractéristiques :

- être provisoire (le bureau de jugement peut revenir sur ce qui a été décidé en référé) ;
- être exécutoire immédiatement et par provision (les mesures décidées par le référé peuvent être mises en œuvre en attendant, si besoin est, une décision définitive sur le fond de l'affaire).

> ***Départage***
> *Si les deux conseillers siégeant en référé ne parviennent pas à une décision commune, il est fait appel au juge départiteur* (voir «Le départage : une étape possible» page 76*).*

Et après ?

fiche 10
page 136

fiche 2
page 102

Une fois l'ordonnance de référé rendue, si l'affaire doit être jugée sur le fond, la procédure prud'homale ordinaire doit être suivie : saisine du conseil de prud'hommes, tentative de conciliation et, en cas d'échec, comparution devant le bureau de jugement.

Indépendamment de cette procédure, l'ordonnance de référé peut – si elle est rendue en premier ressort – faire l'objet d'un recours devant la cour d'appel, dans les 15 jours qui suivent sa notification.

> ***À savoir***
> *Le recours devant la cour d'appel ne suspend pas l'exécution de la décision de référé. Ainsi, si l'ordonnance prévoit par exemple le paiement d'astreinte, celui-ci devra être assuré jusqu'à la décision de la cour d'appel.*

Rendue en dernier ressort, l'ordonnance de référé peut faire l'objet d'un pourvoi en cassation dans les 2 mois qui suivent sa notification.

Alors, référé ou bureau de conciliation ?

Formation de référé et bureau de conciliation (*voir page 73)* ont des pouvoirs similaires et une procédure proche.

Quelques différences cependant :

- les pouvoirs de la formation de référé sont plus étendus que ceux du bureau de conciliation, lequel peut seulement ordonner la délivrance de documents (certificat de travail…) et le versement de provisions (limitées à 6 mois de salaire) ;

- l'obtention d'une décision est plus rapide devant le référé du fait de la fonction de la formation (juger l'urgence) et de la fréquence des audiences (au moins une fois par semaine). Mais si le fond de l'affaire doit être jugé, celle-ci doit être présentée devant le bureau de conciliation puis, le cas échéant, devant le bureau de jugement ;
- l'ordonnance de référé est susceptible d'appel ou de pourvoi en cassation tandis que les décisions du bureau de conciliation ne peuvent faire l'objet d'un recours qu'en même temps que le jugement.

III

APRÈS LE JUGEMENT : QUELLES SUITES ?

La notification du jugement : un acte indispensable ?

Sans notification, pas d'exécution ni de recours

Acte par lequel les parties sont officiellement informées de l'existence du jugement, la notification est un préalable indispensable à l'exécution de la décision du conseil de prud'hommes (*voir « L'exécution du jugement : quels sont les moyens disponibles ? » page 87*). Elle marque également, dans la majorité des cas, le point de départ des délais d'exercice des voies de recours (*voir « Quels recours possibles ? » page 90*).

Le greffe procède à la notification

C'est le secrétariat-greffe du conseil de prud'hommes qui se charge de notifier le jugement au demandeur et au défendeur : il leur adresse par lettre recommandée avec accusé de réception une copie certifiée conforme de la décision.

Toutefois, l'une des parties peut faire procéder à la notification par l'intermédiaire d'un huissier : l'acte est alors dénommé « signification ». L'huissier remet alors la décision en main propre à la personne concernée ou, en son absence, laisse un avis de passage. À compter de ce dépôt, la décision est considérée comme connue du destinataire.

Retour à l'expéditeur
Lorsque la notification n'a pas été retirée et revient au secrétariat-greffe, le délai de recours ne court pas. D'où l'intérêt de procéder à la signification du jugement.

Des mentions obligatoires

La notification du jugement mentionne nécessairement – et de façon apparente – les délais et les modalités de recours (appel, opposition, pourvoi en cassation – *voir « Quels recours possibles ? » page 90*) contre le jugement.

À défaut, la notification est nulle.

L'exécution du jugement : quels sont les moyens disponibles ?

Si la partie condamnée par le jugement n'exécute pas volontairement la décision du conseil de prud'hommes (dûment notifiée), son adversaire peut l'y contraindre par la voie de l'exécution forcée.

Mais le jugement peut également bénéficier de l'exécution provisoire ou être assorti d'astreinte ou d'intérêts de retard qui, sur le plan financier, sanctionnent le perdant.

L'exécution provisoire, même en cas de recours

L'exécution provisoire permet de faire appliquer immédiatement le jugement (dès sa notification – voir « *La notification du jugement : un acte indispensable ?* » *page 85*) même si l'adversaire exerce un recours (appel...).

Dans certains cas, l'exécution provisoire est de droit (c'est-à-dire prévue par les textes). Il en est ainsi notamment :

- des jugements rendus en dernier ressort ;
- des ordonnances de référé ;
- des mesures prises par les conseillers rapporteurs et par le bureau de conciliation ;
- des jugements ordonnant le paiement de salaires et d'indemnités assimilées à des salaires dans la limite de 9 mois de salaire ;
- des décisions ordonnant la remise de documents (bulletins de paie, lettre de licenciement...).

Dans les autres cas, elle doit faire l'objet d'une demande expresse et motivée au conseil ou être ordonnée à l'initiative de celui-ci.

À savoir
« provisoire » signifie que si le jugement est remis en cause par la cour d'appel ou la cour de cassation, les sommes perçues devront, par exemple, être remboursées.

L'exécution forcée, sous certaines conditions

Il est possible de procéder à l'exécution forcée du jugement si celui-ci :

- a été notifié (*voir « La notification du jugement : un acte indispensable ? » page 85*) ;
- est exécutoire, c'est à dire qu'il n'est plus susceptible de faire l'objet d'un recours suspensif (appel, opposition – *voir « Quels recours possibles ? » page 90*).

Menée par un huissier de justice, la procédure d'exécution forcée débute par la remise à la personne concernée d'un commandement de payer et peut déboucher sur une saisie (saisie-exécution, saisie-arrêt…).

Les contraintes financières : l'astreinte…

Fréquemment utilisée, l'astreinte est prononcée par le conseil de prud'hommes, d'office ou à la demande d'une partie.

Destinée à contraindre financièrement le débiteur à exécuter rapidement une obligation définie par le jugement, l'astreinte consiste à condamner le perdant à payer une certaine somme (15, 60, 100 €… selon la décision des juges) par exemple, par jour de retard dans la remise de documents ou le paiement d'indemnités, par période écoulée avant la réintégration effective d'un salarié…

... et les intérêts de retard

Prévus par le jugement, les intérêts de retard majorent une somme due (salaires, indemnités...), pénalisant ainsi le retard mis dans son paiement.

Fixés selon le taux de l'intérêt légal (4,26 % pour 2002 et révisable chaque année), les intérêts de retard sont portés à 9,26 % lorsque, le jugement devenu exécutoire (n'est plus susceptible de recours), le débiteur n'a pas réglé sa dette dans les deux mois qui suivent.

Quels recours possibles ?

Opposition, appel, pourvoi en cassation sont les principales voies de recours contre une décision du conseil de prud'hommes.

Un point important à souligner : l'appel comme l'opposition ont un effet dit « suspensif ». Ainsi, sauf s'il bénéficie de l'exécution provisoire (*voir « L'exécution du jugement : quels sont les moyens disponibles ? » page 87*), un jugement ne peut pas être exécuté si ces recours sont exercés. Il en est de même tant que les délais de recours n'ont pas expiré.

L'appel

Formé devant la cour d'appel dont dépend le conseil de prud'hommes qui a rendu le jugement, l'appel a pour but de faire rejuger l'affaire.

Tout ou partie
L'appel peut porter sur tous les points (les « chefs ») de la décision prud'homale ou seulement sur certains d'entre eux.

Les jugements susceptibles d'appel

Seuls les jugements du conseil de prud'hommes rendus « en premier ressort » peuvent faire l'objet d'un recours devant la cour d'appel. Il s'agit des décisions portant sur une demande :

- soit non chiffrée (parce qu'indéterminable, par exemple une demande d'annulation d'une sanction disciplinaire) ;
- soit dont la valeur excède le taux de compétence en dernier ressort fixé chaque année par décret (3 720 € pour 2002 en

matière prud'homale). Ainsi, si le montant des sommes demandées dépasse ce taux, il est possible d'interjeter (faire) appel.

Évaluer le montant du litige
Il faut prendre chaque somme demandée isolément, sauf si elles ont la même nature (elles correspondent toutes à des indemnités ou à des salaires). Par exemple, un salarié demande 2 500 € de rappel de salaire et 1 500 € d'indemnité de licenciement. Même si le total dépasse le taux de compétence du conseil de prud'hommes, la décision rendue dans cette affaire ne peut pas faire l'objet d'un recours devant la cour d'appel. En revanche si les deux sommes demandées ont la même nature (toutes deux des indemnités, par exemple), il est possible d'interjeter appel du jugement.

Sont dites en « dernier ressort » les décisions rendues sur des demandes dont la valeur est inférieure à 3 720 € (montant en vigueur au 1er janvier 2002). Il n'y a donc pas d'appel possible pour ces jugements. En revanche, le pourvoi devant la Cour de cassation reste ouvert (voir ci-dessous).

À savoir
La notification du jugement précise si celui-ci est susceptible d'appel (voir «La notification du jugement : un acte indispensable ?» page 85).

Les délais

Vouloir attaquer une décision du conseil de prud'hommes devant la cour d'appel implique le strict respect d'un délai.

Fixé à 1 mois (15 jours en cas de recours contre une ordonnance de référé), le délai de recours a pour point de départ le jour de la réception par les parties de la notification du jugement en cause. Attention, il ne s'agit pas d'un délai « franc » : si le terme du délai coïncide avec un jour férié, un samedi ou un dimanche, il est reporté jusqu'au premier jour ouvrable qui suit.

Calendrier
Une décision est prononcée par le bureau de jugement le 15 septembre. Le secrétariat-greffe la notifie aux demandeur et défendeur le 17 septembre. Ceux-ci reçoivent la notification le 18 septembre : l'un ou l'autre peut interjeter appel jusqu'au 18 octobre.

Passé le délai, il n'y a plus d'appel possible.

La procédure

Qui peut interjeter appel ? Le demandeur ou le défendeur, partie au procès en première instance (devant le conseil de prud'hommes). À noter que, par le biais de l'intervention (*voir L'intervention : de quoi s'agit-il ? page 69*), d'autres personnes peuvent être associées à l'appel.

Dénomination
Celui qui fait appel est dénommé « l'appelant ». Celui qui subit la procédure, « l'intimé ».

Comment faire appel ? Celui qui n'est pas satisfait de la décision prise en première instance adresse une déclaration par lettre recommandée au secrétariat-greffe du conseil de prud'hommes qui a rendu le jugement.

Cette déclaration précise :

- les nom, prénoms, profession et domicile de l'appelant ;
- les nom et adresse des parties contre lesquelles l'appel est dirigé ;
- le jugement, objet de l'appel ;
- le cas échéant, les points du jugement auxquels se limite l'appel ;
- le nom et l'adresse du représentant de l'appelant devant la cour.

Assistance et représentation

*Les règles de représentation et d'assistance devant la cour d'appel sont identiques à celles applicables devant le conseil de prud'hommes (*voir «Et la comparution personnelle ? » page 67*). Chacune des parties peut également avoir recours à un avoué. Officier ministériel, l'avoué est chargé d'effectuer les actes devant la cour d'appel (actes de procédure, conclusions...), actes qui ne peuvent pas être le fait d'un avocat. En matière prud'homale, le recours à un avoué n'est pas obligatoire.*

Le greffe de la cour d'appel convoque les parties par lettre recommandée avec accusé de réception et par lettre simple adressée le même jour.

L'audience se déroule devant la chambre sociale de la cour d'appel.

La décision et ses effets

Dénommée « arrêt », la décision de la cour d'appel peut être infirmative ou confirmative :

• Infirmative, la décision remet en cause le jugement du conseil de prud'hommes. L'arrêt de la cour d'appel remplace les dispositions prises en première instance. Et s'il y a eu exécution des mesures décidées par les prud'hommes, il convient de « défaire » ce qui a été exécuté.

Exemple

Des indemnités versées à un salarié en vertu d'un jugement assorti de l'exécution provisoire doivent être restituées à l'employeur après arrêt infirmatif de la Cour d'appel.

• Confirmative, la décision de la cour d'appel approuve le jugement de première instance. Celui-ci peut – s'il n'a pas bénéficié de l'exécution provisoire – être exécuté.

Infirmatif ou confirmatif, l'arrêt de la cour d'appel est susceptible d'un pourvoi devant la Cour de cassation.

L'opposition

Portée par le défendeur contre lequel un jugement par défaut a été rendu, l'opposition lui permet de demander au conseil de prud'hommes, auteur du jugement contesté, de rejuger l'affaire.

Les arrêts de la cour d'appel aussi
Les décisions rendues en appel sont également susceptibles d'opposition.

L'opposition ne peut être exercée que si le jugement en cause a été rendu « par défaut », c'est-à-dire en dernier ressort et alors que le défendeur était absent, sans faute de sa part (il n'a pu être joint par son adversaire ni par le conseil de prud'hommes).

L'opposition doit être formée dans le délai d'1 mois à compter de la notification du jugement (15 jours s'il s'agit d'une ordonnance de référé). Elle est directement examinée par le bureau de jugement.

Si le jour de l'audience, la partie qui a formé l'opposition ne se présente pas, la demande est caduque et ne peut pas être renouvelée.

Le pourvoi en cassation

Formé devant la Cour de cassation, le pourvoi en cassation a pour objectif de faire censurer la décision du conseil de prud'hommes rendue en dernier ressort (et donc non susceptible d'appel – voir ci-dessous) ou l'arrêt de la cour d'appel pour leur non-conformité aux règles de droit.

En effet, la Cour de cassation ne juge pas les faits (comme le conseil de prud'hommes ou la cour d'appel) mais examine s'il y a eu violation ou inobservation de la loi. Il convient donc de lui présenter des arguments démontrant que le droit n'a pas été respecté.

Pas d'effet suspensif
Contrairement à l'appel ou à l'opposition, le pourvoi en cassation n'a pas d'effet suspensif. Le jugement ou l'arrêt attaqué doit donc être exécuté.

Comment procéder ?

Dans les deux mois qui suivent la notification de la décision attaquée (selon les cas, jugement du conseil de prud'hommes rendu en dernier ressort ou arrêt de la cour d'appel), le demandeur dépose, ou adresse par lettre recommandée avec accusé de réception, une déclaration au greffe de la Cour de cassation.

La déclaration doit contenir des raisons (les « moyens ») du pourvoi. À défaut, dans les trois qui suivent, le demandeur doit déposer un mémoire (« mémoire ampliatif ») auprès du greffe qui se charge de le notifier à la partie adverse. Celle-ci dispose alors de deux mois pour remettre au greffe un mémoire en réponse.

Le pourvoi en cassation est examiné par trois magistrats qui peuvent :

- soit statuer (rendre un arrêt) lorsque la solution du pourvoi s'impose ;
- soit renvoyer l'examen du pourvoi à l'audience de la chambre compétente de la Cour de cassation (généralement la chambre sociale).

Au cours de l'audience, les parties peuvent être entendues.

Avocat non obligatoire
*Devant la Cour de cassation, en matière prud'homale, le recours à un avocat n'est pas obligatoire. Toutefois, argumenter devant cette cour implique une connaissance pointue du droit du travail. Il est donc recommandé de faire appel à un spécialiste de la matière. Les parties peuvent également, comme devant le conseil de prud'hommes ou la cour d'appel, se faire représenter ou assister par un représentant syndical, un membre de l'entreprise, leur conjoint… (*voir « Et la comparution personnelle ? » page 67*).*

Quelle décision ?

L'arrêt de la Cour de cassation peut :

- rejeter le pourvoi. La Cour de cassation confirme le jugement ou l'arrêt en cause. La décision devient définitive. Il n'est plus possible de la remettre en cause ;
- annuler (« casser ») la décision attaquée. L'affaire est alors renvoyée pour être à nouveau jugée devant la cour d'appel (mais pas devant les mêmes magistrats) qui a rendu l'arrêt cassé ou une autre cour d'appel (ou – en ce qui concerne un jugement rendu en dernier ressort – devant un conseil de prud'hommes). La cour de cassation désigne la juridiction de renvoi. Celle-ci doit être saisie par la partie qui y a intérêt dans les 4 mois qui suivent la décision de renvoi.

Partielle ou totale
La cassation peut être totale (l'ensemble de la décision attaquée est remise en cause) ou partielle. Dans ce dernier cas, seules les questions censurées par la Cour de cassation doivent être rejugées.

LES

FICHES

LES FICHES

fiche 1

Les prud'hommes en chiffres

Conseils de prud'hommes	271
Conseillers prud'hommes	14 646
Affaires introduites en 2000	163 218
Affaires en cours en 2000	169 412
Durée moyenne de traitement des affaires	10,2 mois 25 % des affaires sont achevées en 4 mois
Admission à l'aide juridictionnelle	25 525

(Sources : ministère de la Justice – octobre 2001)

fiche 2

Les mots de la procédure prud'homale

Arrêt

Assignation

Astreinte

Autorité de la chose jugée

Auxiliaires de justice

Caducité de la citation

Chefs de demande

Comparution

Décision rendue par la cour d'appel ou la Cour de cassation.

Acte d'huissier par lequel le demandeur « invite » son adversaire (le défendeur) à comparaître au procès.

En matière prud'homale, l'assignation peut être utilisée pour une demande en référé ou lorsque, sans faute de sa part, le défendeur n'a pu être joint, par la première convocation, devant le bureau de conciliation.

Condamnation au paiement d'une somme d'argent (dont le montant est fixé par le juge) due par jour (ou semaine…) de retard dans l'exécution d'une obligation.

Se dit d'un jugement qui ne peut plus être remis en cause (sauf par les voies de recours : appel, cassation) et qui s'impose aux parties, lesquelles ne peuvent plus alors recommencer le même procès.

Avocats, greffiers, huissiers, administrateurs judiciaires, mandataires-liquidateurs, avoués devant la cour d'appel…

Annulation de la demande lorsque, le jour de l'audience, le demandeur est absent (et non représenté) sans motif légitime. Il peut alors – mais une seule fois – représenter sa demande.

Divers points sur lesquels porte la demande : par exemple, indemnité de licenciement, dommages-intérêts, remise d'un document constituent trois chefs de demande.

Se présenter soi-même à l'audience ou, sous certaines conditions, par l'intermédiaire d'un mandataire.

fiche 2 Suite

Conclusions

Contredit

Défendeur

Demande reconventionnelle

Demandeur

Deni de justice

Dépens

Dernier ressort

Document détaillé dans lequel sont exposés la demande, les arguments, les moyens de défense…

Voie de recours devant la cour d'appel contre une décision du conseil de prud'hommes relative à sa compétence géographique ou matérielle. Si la cour d'appel considère que le conseil était incompétent, elle désigne le tribunal devant lequel l'affaire devra être portée.

Employeur ou salarié : celui qui n'a pas pris l'initiative du procès.

Demande soumise au conseil par le défendeur qui attaque à son tour.

Employeur ou salarié : celui qui a l'initiative du procès.

Refus de la part du juge d'examiner une affaire et de rendre un jugement.
Le déni de justice est un délit pénalement sanctionné.

Il s'agit de certains frais liés au procès : frais d'huissier, indemnités des témoins, rémunération des experts. Ces frais peuvent être remboursés, en principe par le perdant, à celui qui les a payés et ce, sur décision du conseil.

Un jugement prononcé en dernier ressort est celui qui, parce qu'il porte sur une demande inférieure à une certaine somme (3 720 € pour 2002, en matière prud'homale), ne peut pas faire l'objet d'un appel. Seul recours : le pourvoi devant la Cour de cassation.

Exception d'incompétence

Exception de nullité

Exception de procédure

Fin de non recevoir

Grosse

Intervention

Le défendeur demande au conseil de prud'hommes de se déclarer incompétent pour résoudre le litige, soit en raison de la nature juridique de celui-ci (qui relèverait alors d'un autre tribunal), soit parce que, sur le plan géographique, le « bon » conseil de prud'hommes n'a pas été saisi. Lorsqu'elle est fondée, l'exception d'incompétence fait obstacle à la poursuite de la procédure.

Contestation d'un acte effectué au cours de la procédure (par exemple la représentation de l'adversaire par une personne non mandatée pour le faire).

L'exception de procédure consiste à demander au juge de refuser d'examiner le litige en raison de l'irrégularité de la procédure. Parmi les exceptions de procédure, figurent l'exception d'incompétence et l'exception de nullité.

Argument d'une partie consistant à soutenir que la demande de son adversaire est irrecevable. Les motifs invoqués : le délai de prescription est écoulé, l'affaire a déjà été jugée, l'adversaire n'a pas qualité ou intérêt à agir.

Ancien terme, synonyme de « copie exécutoire ».
Copie d'un jugement comportant la formule exécutoire insérée par le greffier en chef. Elle permet au bénéficiaire d'obtenir l'exécution du jugement, si besoin par la voie de l'exécution forcée.

Association volontaire ou forcée d'une personne à un procès. Par exemple, l'Assédic peut intervenir dans la procédure prud'homale pour obtenir de l'employeur qui a licencié un salarié sans cause réelle et sérieuse, le remboursement des allocations chômage qu'elle a versées.

fiche 2 Suite

Jugement

Jugement exécutoire

Jugement sur le fond

Mise en délibéré

Mise en état

Ordonnance

Premier ressort

Décision rendue par le bureau de jugement.

Lorsqu'une décision est dite « exécutoire », les parties sont tenues de s'y conformer, de l'exécuter.
Un jugement est exécutoire lorsqu'il a été dûment notifié et que les délais pour faire opposition ou appel se sont écoulés. Toutefois, certaines décisions peuvent faire l'objet d'une exécution provisoire et être ainsi appliquées sans attendre l'écoulement des délais de recours.
La force exécutoire d'un jugement est attestée par une formule insérée par le greffier en chef sur la copie de ce jugement.

Décision rendue par le bureau de jugement qui tranche l'objet du litige, qui résout le conflit. N'est pas une décision sur le fond celle qui ordonne une mesure d'instruction ou une mesure provisoire.

Les conseillers prud'hommes s'accordent un certain temps de réflexion avant de rendre leur décision.

Préparation de l' affaire, par exemple, par un conseiller rapporteur en vue de sa présentation à l'audience.

Décision rendue par la formation de référé ou par le président du conseil de prud'hommes.

Se dit d'un jugement qui, portant sur une demande supérieure à une certaine somme (3 720 € pour 2002, en matière prud'homale) ou qui ne peut être chiffrée, est susceptible d'appel.

Suite

fiche **2**

Prescription

Récusation

Référé

Saisie conservatoire

Écoulement d'un délai – d'une durée variable selon les cas – au-delà duquel il n'est plus possible de faire juger un litige. Par exemple, il est impossible de demander le paiement d'indemnités de licenciement après un délai de 30 ans ; un salaire, plus de 5 ans après sa date d'exigibilité…

Faire écarter un conseiller prud'homme en raison du lien qu'il peut avoir avec l'affaire :

• il a un intérêt personnel à la contestation ;
• il est parent ou allié d'une des parties, jusqu'au degré de cousin germain ;
• il a été opposé, dans l'année précédente, à l'une des parties ou à un membre de la famille de celle-ci, dans le cadre d'une action en justice ;
• il a donné un avis écrit dans l'affaire ;
• il est employeur ou salarié de l'une des parties.

La récusation peut également être demandée pour défaut d'impartialité et d'indépendance sur la base de la Convention européenne des droits de l'homme.

Procédure « accélérée », susceptible d'être mise en œuvre en cas d'urgence, lorsque la demande n'est pas sérieusement contestable, lorsqu'il s'agit de faire cesser un trouble manifestement illicite ou encore d'éviter un dommage imminent. La décision rendue dans le cadre d'une procédure de référé ne résout pas le fond du litige, lequel doit être tranché selon la procédure normale.

Placer sous main de justice des biens du débiteur et les rendre ainsi indisponibles.

fiche n° 3

Les élections des conseillers prud'hommes en pratique

Qui vote en 2002 ?

Les employeurs, les salariés, les demandeurs d'emploi français ou étrangers qui, à une date fixée par décret (dite « date de photographie »), remplissent les conditions suivantes :

- être âgé de 16 ans ou plus ;
- exercer une activité professionnelle ou être titulaire d'un contrat d'apprentissage, ou encore être involontairement privé d'emploi ;
- ne pas avoir fait l'objet d'une interdiction, déchéance ou incapacité relative à ses droits civiques.

L'inscription sur les listes électorales prud'homales est par ailleurs requise.

Dans le collège employeur

Votent, dans le collège employeur, les personnes qui emploient pour leur compte, ou pour le compte d'autrui, un ou plusieurs salariés. À ce titre, sont assimilés à des employeurs :

- les représentants des personnes morales (SA, association, SARL...) ;
- les cadres détenant sur un service, un département, un établissement, une délégation particulière – durable et effective – d'autorité. Obligatoirement écrite, cette délégation confère au cadre un pouvoir en matière d'em-

bauche, de licenciement, ou encore dans le domaine juridique, économique ou technique.

À savoir

Les employeurs qui exercent par ailleurs une activité salariée (particuliers employeurs de personnel de maison par exemple) doivent choisir le collège (salarié ou employeur) dans lequel ils seront appelés à voter.

Il est en effet impossible d'être inscrit sur les listes électorales à la fois comme salarié et comme employeur.

De même l'employeur de cadres ou assimilés doit choisir la section (section encadrement ou celle de son activité principale) dans laquelle il souhaite voter. S'il n'emploie que des cadres, il vote dans la section encadrement.

Dans le collège salarié

Appartiennent à ce collège :

- les salariés qui relèvent de la compétence des conseils de prud'hommes (*voir « Le conseil de prud'hommes : quelles compétences ? » page 11*) y compris si, à une date fixée par décret (dite « date de photographie »), ils sont en congé (congé de maternité, de formation…) ;
- les apprentis ;
- les salariés involontairement privés d'emploi indemnisés ou non, en recherche d'emploi ou en formation.

Quelles formalités ?

Les listes électorales sont établies à partir de déclarations nominatives obligatoirement effectuées par l'employeur, pour ses salariés et lui-même. Les salariés involontairement privés d'emploi (SIPE) procèdent, quant à eux, à leur propre déclaration.

Les déclarations, accompagnées d'une notice explicative, sont adressées aux intéressés par les services du ministère chargé du travail.

Les déclarations relatives aux salariés

Renseignées par l'employeur, ces déclarations précisent notamment – pour chaque salarié – le collège électoral, la section (déterminée en fonction de l'activité principale de l'entreprise ou, pour les cadres, en fonction de leur statut) et la commune de vote.

Une fois les déclarations établies, l'employeur doit :

- informer les salariés de la possibilité de les consulter à des fins de vérification, et ce pendant 15 jours ;
- au terme du délai de 15 jours, adresser les déclarations nominatives – électroniquement si possible contre récépissé ou par lettre recommandée avec accusé de réception – à un centre de traitement mis en place par le Ministère chargé du travail ;
- envoyer aux maires des communes concernées, les observations écrites formulées pendant la période de consultation par des salariés susceptibles de voter dans la commune de leur domicile.

Après exploitation des déclarations, le centre de traitement les communique aux maires des communes pour vérification et correction.

L'inscription des employeurs

Les employeurs s'inscrivent dans la commune où ils exercent leur activité principale. Pour ce faire, ils peuvent utiliser le même imprimé de déclaration que celui relatif aux salariés.

À noter qu'un artisan, commerçant ou agriculteur peut donner mandat à son conjoint collaborateur (qui figure comme tel – selon les cas – au répertoire des métiers, au registre du commerce et des sociétés ou au registre de protection sociale agricole) de se substituer à lui pour l'inscription sur la liste électorale.

Le conjoint collaborateur joint alors à sa déclaration le mandat et un document attestant de son statut de collaborateur et de son inscription, à ce titre, au répertoire ou registre concerné.

L'inscription des salariés involontairement privés d'emploi

Les salariés involontairement privés d'emploi (*voir page 26*) sollicitent, par le biais d'une déclaration nominative envoyée à leur domicile, leur inscription sur les listes électorales de la mairie de leur domicile.

La déclaration est adressée – à la date et à l'adresse indiquées – au centre de traitement désigné par le ministre chargé du travail.

Contester l'inscription

Un électeur ou son représentant, un mandataire de liste peuvent, s'ils souhaitent formuler une contestation relative à l'inscription d'un électeur ou d'un ensemble d'électeurs, saisir le maire de la commune concernée afin d'exercer un recours gracieux et ce, dans les 21 jours de l'affichage du dépôt de la liste. La décision du maire – qui doit intervenir au plus tard à la date de la clôture de la liste - peut être remise en cause devant le tribunal d'instance (recours contentieux). Celui-ci doit statuer dans les 10 jours du recours contentieux.

Après la clôture de la liste – et dans les 15 jours qui suivent – des contestations relatives à l'inscription d'un ou plusieurs électeurs peuvent être portées devant le tribunal d'instance. Celles relatives aux omissions ou aux erreurs peuvent être présentées jusqu'au jour du scrutin.

Où voter ?

Dans la commune du lieu d'inscription sur les listes électorales prud'homales, soit en principe la commune où l'électeur exerce son activité professionnelle principale.

Mais, en raison de leur situation, certaines personnes votent dans la commune de leur domicile. Sont concernés :

- les salariés involontairement privés d'emploi ;
- les salariés en activité dans plusieurs communes ;
- les salariés travaillant en dehors de tout établissement (travailleurs à domicile, VRP...) ;
- les salariés de plusieurs employeurs.

Par correspondance

Lorsqu'il ne peut se rendre au bureau de vote parce qu'il se trouve dans l'un des cas d'empêchement énumérés à l'article R 513-77 du Code du travail (maladie, absence, éloignement...), l'électeur peut voter par correspondance.

Comment les élections se déroulent-elles ?

Les élections ont lieu un jour de la semaine, pendant les horaires de travail (généralement entre 8 heures et 18 heures), à la mairie ou dans un local proche du lieu de travail (école...).

Chaque électeur vote dans son collège (employeur ou salarié) et dans la section dont il relève (encadrement, industrie, agriculture, activités diverses, commerce).

À savoir

Les salariés ont le droit de s'absenter de leur poste de travail pour aller voter. Leur rémunération ne doit pas être diminuée pour autant.

Le mode de scrutin ? La représentation proportionnelle à la plus forte moyenne : les sièges sont répartis entre les listes en fonction du nombre de voix obtenu par chacune d'entre elles.

Les conditions de déroulement des élections peuvent être contestées devant le tribunal d'instance.

Quand voter?

Les élections prud'homales générales ont lieu tous les 5 ans. Les précédentes se sont déroulées le 10 décembre 1997. Les prochaines seront organisées le 11 décembre 2002.

À noter toutefois que, sous certaines conditions et lorsque des circonstances précises (siège vacant, augmentation des effectifs d'une section) le justifient, des élections complémentaires peuvent être organisées entre deux élections générales.

fiche 4

L'organisation d'un conseil de prud'hommes

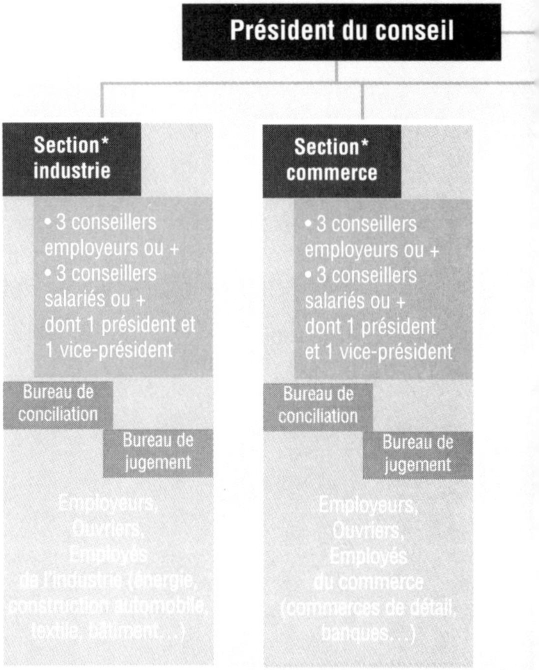

** Chaque section peut être divisée en chambres.*

***S'il existe plusieurs conseils dans le ressort d'un tribunal de grande instance ou dans le département, une section agricole unique est rattachée à l'un d'eux.*

Les autres ne comptent donc, en propre, que 4 sections.

****La formation de référé est assurée par roulement entre les conseillers prud'hommes (employeurs et salariés), défini par le règlement intérieur du conseil.*

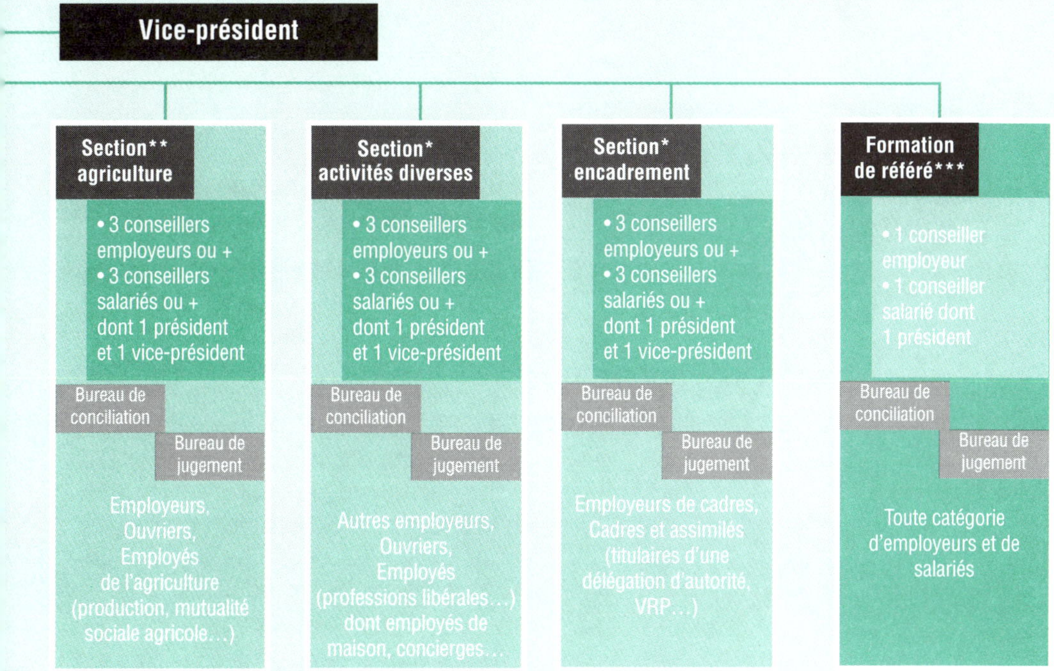
Vice-président
Section** agriculture
• 3 conseillers employeurs ou + • 3 conseillers salariés ou + dont 1 président et 1 vice-président
Bureau de conciliation
Bureau de jugement
Employeurs, Ouvriers, Employés de l'agriculture (production, mutualité sociale agricole…)
Section* activités diverses
• 3 conseillers employeurs ou + • 3 conseillers salariés ou + dont 1 président et 1 vice-président
Bureau de conciliation
Bureau de jugement
Autres employeurs, Ouvriers, Employés (professions libérales…) dont employés de maison, concierges…
Section* encadrement
• 3 conseillers employeurs ou + • 3 conseillers salariés ou + dont 1 président et 1 vice-président
Bureau de conciliation
Bureau de jugement
Employeurs de cadres, Cadres et assimilés (titulaires d'une délégation d'autorité, VRP…)
Formation de référé***
• 1 conseiller employeur • 1 conseiller salarié dont 1 président
Bureau de conciliation
Bureau de jugement
Toute catégorie d'employeurs et de salariés

fiche 5

Le contentieux du licenciement économique : des particularités ?

Lorsqu'un litige relatif à un licenciement pour motif économique est porté devant le conseil de prud'hommes, la procédure obéit à quelques règles particulières, notamment en termes de délais :

Dans les 8 jours suivant la convocation de l'employeur

Si le licenciement incriminé s'inscrit dans une procédure de licenciement collectif, l'employeur doit – dans les 8 jours qui suivent sa convocation devant le bureau de conciliation - adresser au secrétariat-greffe du conseil de prud'hommes tous les éléments d'information fournis aux représentants du personnel sur le projet de licenciement (raisons économiques, financières ou techniques du licenciement, catégories de salariés concernés…).

Le greffe tient à la disposition du salarié (qui peut les consulter ou en faire copie) les documents transmis par l'employeur.

Dans le mois qui suit la saisine du conseil de prud'hommes

La tentative de conciliation doit avoir lieu dans le délai d'1 mois à compter de la saisine du conseil.

Un calendrier défini par le bureau de conciliation

Le bureau de conciliation détermine les mesures et les délais nécessaires (3 mois au plus) à l'instruction de l'affaire ou à l'information du conseil.

Le bureau fixe également le délai de communication des pièces dont les parties entendent se prévaloir ainsi que la date d'audience du bureau de jugement.

Dans les 6 mois à compter du renvoi devant le bureau de jugement

Le bureau de jugement doit rendre sa décision dans un délai de 6 mois maximum à compter de la date à laquelle il a été saisi de l'affaire.

fiche 6

Le Conseil supérieur de la prud'homie

Missions

Instance nationale, réunie au moins une fois par an par son président, le Conseil supérieur de la prud'homie est compétent en matière d'organisation et de fonctionnement des conseils de prud'hommes. Il est, dans ce domaine, le conseiller des ministres chargés de la justice et du travail.

À ce titre, il est chargé de :

- formuler des avis et des suggestions ;
- réaliser des études ;
- proposer toute mesure utile.

Il est, par ailleurs, consulté sur les projets de lois et de textes réglementaires relatifs aux conseils de prud'hommes, à leur compétence, leur organisation et leur fonctionnement, à l'élection, au statut, à la formation des conseillers prud'hommes, à la procédure prud'homale…

Composition

La composition du Conseil supérieur de la prud'homie :

- 5 représentants de l'État (ministères de la justice, de l'agriculture et ministère chargé du travail) ;
- 9 représentants des organisations syndicales de salariés ;

• 9 représentants des employeurs.

Il comprend, en son sein, une commission permanente de 13 membres dont le rôle est de préparer les travaux du conseil et, en cas d'urgence, d'être consultée à sa place.

fiche **7**

Conseil de prud'hommes et procédure prud'homale : quels frais ?

Les dépenses d'un conseil de prud'hommes

Outre les vacations horaires versées aux conseillers prud'hommes, leurs frais de déplacement et les salaires remboursés aux employeurs des conseillers salariés (*voir «Les conseillers prud'hommes : qui sont-ils ?» page 25)*, l'État prend en charge les dépenses de personnel et de fonctionnement des conseils de prud'hommes et notamment :

- les frais d'élection et certains frais de campagne électorale ;
- les frais d'entretien des locaux, de chauffage, d'éclairage, de sanitaire et de gardiennage ;
- les frais de matériel, de documentation, de fournitures de bureau, d'installation, d'entretien et d'abonnement téléphonique…

Le local nécessaire au conseil de prud'hommes est mis à disposition par le département (conseil général). Il peut également être fourni par la commune. Mais dans ce cas, celle-ci ne peut le reprendre qu'à la demande expresse du département.

Les frais liés à une procédure prud'homale

Les fonctions de conseillers prud'hommes sont gratuites pour les parties (employeur, salarié). Les actes de procédure, les jugements ne sont soumis à aucun droit d'enregistrement ni de timbre.

L'assistance d'un avocat est facultative... Néanmoins, être impliqué dans une procédure prud'homale peut induire certaines dépenses telles :

- les frais de déplacements;
- les frais d'huissier (assignation, exécution forcée, frais annexes...) ;
- les indemnités des témoins ;
- les frais d'expertise ;
- les amendes civiles pour abus de procédure, éventuellement assorties de dommages-intérêts pour la victime de l'abus...

Et, bien sûr, en cas de recours aux services d'un avocat, ses honoraires, lesquels sont librement fixés avec le client.

Comment faire face à ces dépenses ? Trois possibilités existent :

L'aide juridictionnelle

Destinée aux personnes dont les ressources sont inférieures à un certain plafond, l'aide juridictionnelle peut être demandée – par le demandeur comme par le défendeur – à tout moment de la procédure, voire même avant celle-ci lorsque des frais (honoraires d'avocat par exemple) sont engagés pour éviter un contentieux, y compris pour parvenir à une transaction.

L'aide accordée peut être totale, c'est-à-dire couvrir tous les frais de justice (frais d'avocat, d'huissier, coût d'expertise...) ou partielle : le bénéficiaire doit participer aux frais d'avocat et d'huissier s'il a eu recours aux services de ces auxiliaires de justice. Selon les revenus de l'intéressé, 15 à 85 % de ces frais restent à sa charge.

Suite

fiche 7

Les conditions pour en bénéficier :

- être de nationalité française ou européenne, ou bien encore résider en France ;
- disposer de ressources mensuelles inférieures ou égales à 802 € pour l'aide totale, 1203 € pour l'aide partielle. Ces montants sont majorés de 91€ par personne à charge (chiffres en vigueur pour 2002).

Comment obtenir l'aide juridictionnelle ? Il suffit de retirer un dossier de demande avec l'imprimé de déclaration de ressources à la mairie ou au tribunal de grande instance (TGI) de son domicile. Une fois renseignée, la demande doit être déposée au bureau d'aide juridictionnelle du TGI.

La condamnation de l'adversaire aux dépens

Les dépens concernent trois types de frais : les indemnités des témoins, le coût des expertises, les frais d'huissier.

Le conseil de prud'hommes peut condamner, par une décision motivée, l'une des parties à rembourser la totalité ou une partie des dépens à son adversaire.

L'article 700 du Nouveau Code de procédure civile

Tous les frais de justice ne sont pas inclus dans les dépens (honoraires d'avocat, coût des déplacements par exemple). Aussi le conseil de prud'hommes a la possiblité, sur la base de l'article 700 du Nouveau Code de procédure civile (NCPC), de condamner la partie redevable des dépens (ou qui l'aurait été s'il y avait eu des dépenses correspondantes) à payer à son adversaire les frais qu'il a exposés.

Pour ce faire, le conseil tient compte de la situation économique de chaque partie ou de l'exigence d'équité. Et peut, pour l'un de ces motifs, écarter l'application de l'article 700.

À noter enfin que la condamnation « au titre de l'article 700 NCPC » doit être expressément demandée et justifiée.

fiche 8

L'inspecteur du travail : quel rôle ?

Des missions précises

La mission principale de l'inspecteur du travail est de veiller au respect et à l'application des dispositions contenues dans le Code du travail. De ce fait, il participe à l'amélioration des conditions de travail des salariés (durée du travail, santé et sécurité...) ainsi qu'au maintien et au développement des relations de travail (libertés individuelles, représentation du personnel...) dans les entreprises soumises à son contrôle.

À ce titre, l'inspecteur du travail :

- contrôle l'application du droit du travail (Code du travail, conventions et accords collectifs) ;
- informe et conseille les employeurs, les salariés et les représentants du personnel sur leurs droits et obligations ;
- facilite la conciliation amiable entre les parties, notamment lors des conflits collectifs.

Dans le cadre de sa mission de contrôle, l'inspecteur peut notamment :

- formuler des observations pour rappeler les règles en vigueur ;
- procéder à des mises en demeure de se conformer à la réglementation, dans les cas prévus par les textes ;
- établir des procès-verbaux pour les infractions constatées ;

- saisir le juge des référés pour obtenir la suspension d'une activité particulièrement dangereuse ou – dans certaines professions – la cessation du travail dominical ;
- exiger l'arrêt d'un chantier en cas de risques graves de chute ou d'ensevelissement ou en cas de risques liés à des opérations de confinement et de retrait de l'amiante... ;
- ordonner le retrait d'une clause illicite dans le règlement intérieur de l'entreprise.

En outre, dans certains domaines définis par le Code du travail, l'inspecteur a un pouvoir de décision : l'employeur doit parfois obtenir son autorisation avant d'agir. Tel est le cas en ce qui concerne :

- le licenciement des représentants du personnel (délégué du personnel, membre du comité d'entreprise, délégué syndical...) ou des conseillers prud'hommes ;
- certains dispositifs relatifs à la durée du travail (dépassement du contingent d'heures supplémentaires, mise en place d'horaires individualisés en l'absence de représentants du personnel...) ;
- le travail des jeunes (dérogations à certaines interdictions de travail sur machines dangeureuses...).

En revanche, l'inspecteur du travail n'a aucune compétence pour trancher les litiges relatifs au contrat de travail : cette compétence appartient exclusivement au conseil de prud'hommes.

Ainsi, l'inspecteur du travail peut donner des indications juridiques générales, sur tel ou tel cas particulier (motif d'un licenciement, bien-fondé d'une sanction, litige sur une qualification...). De même, il peut intervenir afin de faciliter un accord entre employeur et salarié. Mais dans tous les cas, son avis ne peut empêcher, si le différend persiste, la saisine du conseil de prud'hommes.

Enfin, il n'appartient pas à l'inspecteur du travail de participer à l'élaboration d'un dossier en vue d'un procès devant les prud'hommes.

Suite

fiche 8

Où s'adresser?

Il existe plusieurs services d'inspection en fonction de la nature de l'activité des entreprises :

- les activités agricoles dépendent de l'inspection du travail, de l'emploi et de la politique sociale agricoles ;
- les activités de transports pour compte d'autrui relèvent de l'inspection du travail des transports ;
- d'autres activités dépendent de corps particuliers de contrôle : directions régionales de l'industrie, de la recherche et de l'environnement (DRIRE), administrateurs des affaires maritimes, direction des ports maritimes, défense nationale…

Dans tous les autres secteurs d'activités (commerce, industrie, bâtiment…), les services chargés de l'inspection du travail (« les sections d'inspection ») font partie des directions départementales du travail, de l'emploi et de la formation professionnelle (DDTEFP). Chaque section couvre une zone géographique donnée.

À noter

L'adresse de l'inspection du travail compétente et le nom de l'inspecteur doivent être affichés dans l'entreprise.

fiche 9

La preuve devant le conseil de prud'hommes

Quel rôle?

Devant le bureau de conciliation, le bureau de jugement ou la formation de référé, chacune des parties doit être en mesure de démontrer ses allégations, de justifier ses prétentions: la solution du litige en dépend. Les juges s'appuient en effet sur les éléments de preuve pour vérifier la réalité des faits invoqués et leur donner une qualification juridique (les agissements reprochés au salarié par l'employeur sont-ils réels? justifient-ils son licenciement?).

Dans ce but, et dans le respect du contradictoire (*voir « Contradiction, oralité des débats quelle signification ?» page 65*), tout élément de preuve présenté aux juges doit être communiqué à la partie adverse et débattu: la confrontation ainsi organisée préserve les droits de la défense et contribue à faire émerger la vérité.

Qui assume la charge de la preuve?

Assumer la charge de la preuve signifie être dans l'obligation de fournir les éléments retenus à titre de preuve.

En principe, c'est au demandeur d'apporter la preuve des faits et prétentions qu'il formule.

Toutefois, en matière prud'homale, il existe des exceptions.

- La charge de la preuve peut être répartie entre le salarié et l'employeur. Il en est notamment ainsi en matière de litiges portant sur :
  - la procédure de licenciement ou le caractère réel et sérieux du motif invoqué ;
  - le respect du principe de non-discrimination ;
  - l'existence ou le nombre d'heures supplémentaires ;
  - une sanction disciplinaire ;
  - le harcèlement.

Les deux parties doivent alors fournir des éléments de preuve. Il appartient ensuite au conseil de prud'hommes de déterminer la réalité et la portée des faits (« de former sa conviction »). Pour certains litiges (en matière disciplinaire, de licenciement), le Code du travail précise que « si un doute subsiste, il profite au salarié » : l'insuffisance de preuves ou leur caractère peu convaincant conduisent les juges à donner raison au salarié.

À noter

Dans le cadre de la transposition des directives communautaires, la loi de modernisation sociale (n° 2002-73 du 17 janvier 2002) indique qu'en matière de harcèlement moral ou de harcèlement sexuel au travail, lorsque le salarié concerné a présenté des éléments de fait laissant supposer l'existence d'un harcèlement, il revient au défendeur de prouver que ses agissements ne sont pas constitutifs d'un tel harcèlement.

- La charge de la preuve peut incomber uniquement à l'employeur. Tel est le cas en matière salariale : si un salarié réclame un élément de salaire, c'est à l'employeur d'en prouver le paiement et ce, malgré la délivrance d'un bulletin de paie. Il en est de même pour la faute grave : compte tenu des conséquences en matière d'indemnités de la faute grave ou lourde, l'employeur doit prouver la gravité de la faute. S'il n'y parvient pas, le salarié obtiendra gain de cause.

fiche 9 Suite

Par quels moyens ?

Devant le conseil de prud'hommes, la preuve peut être apportée par tous les moyens : documents (bulletins de salaires, pièces comptables, contrat de travail, attestations...), témoignages, aveux, recours à des experts...

Dans tous les cas, la preuve présentée doit avoir été obtenue de manière loyale, licite. À défaut, le conseil n'en tient pas compte. Ainsi, par exemple, les éléments recueillis par le biais d'un dispositif de surveillance (vidéo, enregistrement...) utilisé à l'insu des salariés ne peuvent servir de preuve.

De même, les documents obtenus en violation du droit au respect de la vie privée sont irrecevables : l'employeur ne peut, par exemple, justifier un licenciement en produisant des courriers électroniques prélevés à l'insu du salarié, sur l'ordinateur mis à sa disposition par l'entreprise.

Autre forme de preuve : les présomptions

Certaines situations se suffisent à elles-mêmes pour constituer une preuve. La présomption peut être irréfragable (aucune preuve contraire ne peut venir la contredire) ou simple (elle peut être détruite par une preuve contraire).

Exemple

• S'il n'a pas été conclu par écrit, un contrat à durée déterminée, un contrat de travail temporaire ou un contrat de qualification est considéré comme un contrat à durée indéterminée (CDI). Il s'agit d'une présomption irréfragable : l'absence d'écrit est, en soi, la preuve (non contestable) de l'existence d'un CDI ;

• De même, en l'absence d'écrit, un contrat de travail à temps partiel est présumé avoir été conclu pour un horaire à temps plein. Dans ce cas toutefois, s'agissant d'une présomption simple, le contraire peut être démontré. Ainsi, l'employeur qui affirme avoir engagé un salarié sur la base d'un temps partiel, peut fournir à titre de preuve, les fiches horaires transmises périodiquement par le salarié.

À noter enfin que le conseil de prud'hommes peut toujours procéder à des investigations et à des vérifications. Dans ce but, il peut désigner un ou des conseillers rapporteurs (*voir page 46*).

fiche 10

De la conciliation à la cassation : itinéraire simplifié d'une procédure prud'homale

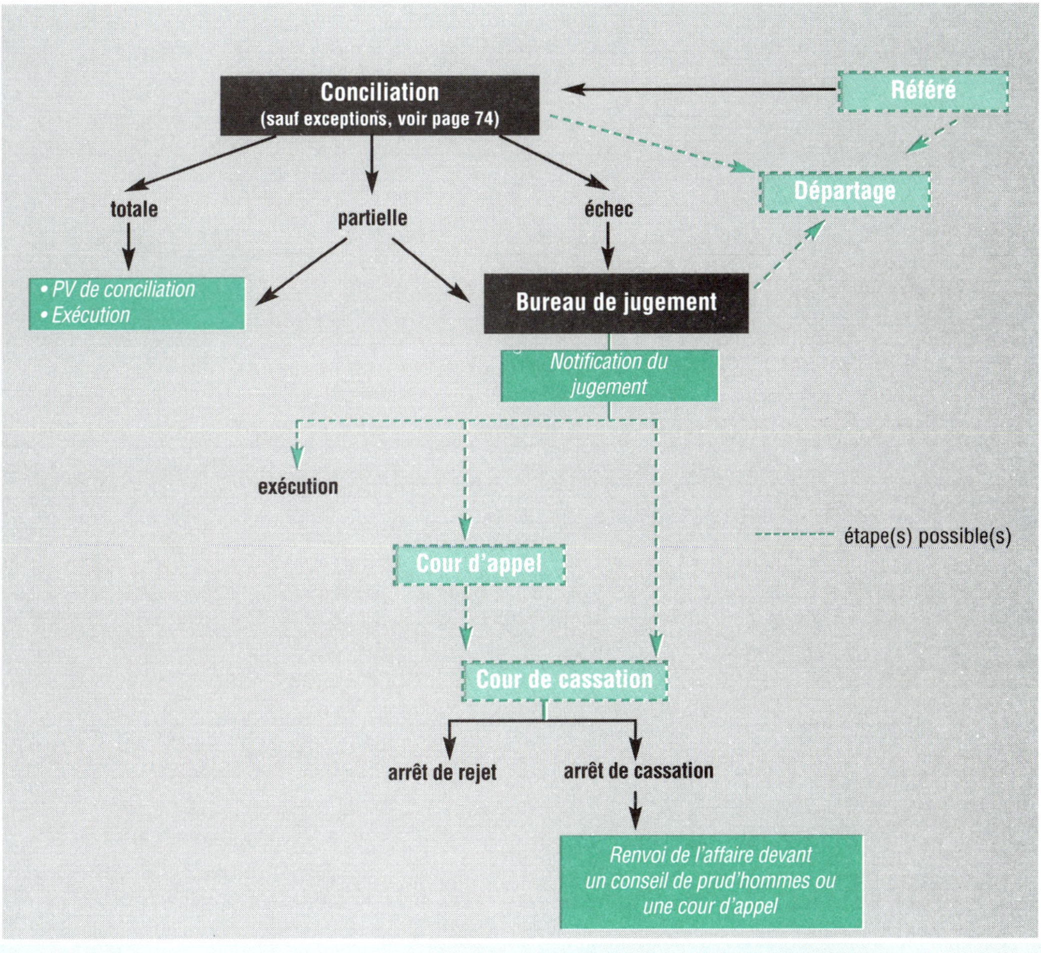
Conciliation
(sauf exceptions, voir page 74)
Référé
Départage
totale
partielle
échec
• PV de conciliation
• Exécution
Bureau de jugement
Notification du jugement
exécution
étape(s) possible(s)
Cour d'appel
Cour de cassation
arrêt de rejet
arrêt de cassation
Renvoi de l'affaire devant un conseil de prud'hommes ou une cour d'appel

La collection Transparences

a pour vocation de faire connaître les dispositions actuelles du droit du travail et de les rendre accessibles aux salariés, aux employeurs, aux directeurs de ressources humaines et aux représentants du personnel

Une question, une réponse détaillée, des définitions simples et des exemples concrets

L'épargne salariale

- Comment mettre en place la participation, l'intéressement, un plan d'épargne ?
- Pour quels bénéficiaires, avec quelles sommes ?
- Au plan fiscal : quels avantages ?

Sous l'impulsion de la loi du 19 février 2001, les dispositifs d'épargne salariale ont été rénovés, dynamisés, complétés : le plan d'épargne interentreprises (destiné aux PME) et le plan partenarial d'épargne salariale volontaire (dispositif d'épargne à plus long terme) sont créés.
La négociation collective sur l'épargne salariale est renforcée, l'ouverture de la participation, de l'intéressement et des plans d'épargne au plus grand nombre, organisée.

Conditions de mise en place des outils d'épargne salariale, modes de placements possibles, avantages qui en découlent... : le présent guide traite de l'ensemble des questions relatives aux dispositifs d'épargne salariale après la loi du 19 février 2001 et de ses textes d'application.

120 pages
Janvier 2002
ISBN : 2-11-004985-5

Conjointes de travailleurs indépendants

- Travailler dans l'entreprise de son conjoint ou concubin travailleur indépendant : quel statut ?
- Partager la vie d'un travailleur indépendant : quels droits et quelles obligations (lors de la création de l'entreprise, si l'entreprise cesse son activité, en cas de rupture du couple…) ?

Ce guide présente l'ensemble des statuts, droits et responsabilités des conjointes ou concubines (liées ou non par un PACS) de travailleurs indépendants.

Les droits et obligations liés à ce statut s'appliquent également, bien entendu, au conjoint qui travaille avec une travailleuse indépendante.

> *152 pages*
> *Février 2002*
> *ISBN : 2-11-005001-2*

Risque chimique en milieu professionnel

- Quel est l'impact des agents mutagènes sur la santé ?
- Comment évaluer et classer les produits cancérogènes, mutagènes et toxiques pour la reproduction ?
- Quelles sont les règles particulières de prévention ?

Ce guide de la collection « Transparences » rappelle les définitions des agents cancérogènes, mutagènes ou toxiques pour la reproduction et les principes communautaires à l'origine de leur classification. Par ailleurs, il précise, en termes accessibles, les principaux effets de ces agents sur la santé humaine et les diverses obligations réglementaires qui s'imposent aux employeurs.

> *144 pages*
> *Novembre 2001*
> *ISBN : 2-11-005016-0*

Construire et aménager un lieu de travail

- Comment prendre en considération l'amélioration des conditions de travail en amont d'un projet de réaménagement ?

Les conditions de travail, d'ambiance et de sécurité sont largement tributaires de la façon dont sont conçus et construits les bâtiments et locaux destinés à accueillir les activités du personnel d'un établissement ou d'une entreprise.

L'objectif de ce guide est de rappeler les règles essentielles visant à assurer la sécurité et la santé et à fournir de bonnes conditions de travail lors de la construction (avec ou sans permis de construire) ou de l'aménagement d'un lieu de travail.

128 pages
Septembre 2000
ISBN: 2-11-004668-6

Durée, réduction et aménagement du temps de travail

- Quelles sont les modalités de la réduction du temps de travail ?
- Comment se décomptent les heures supplémentaires ?
- Quelles sont les règles applicables aux salariés à temps partiel ?

Ce nouveau volume de la collection « Transparences » explique les modifications législatives récentes, qu'elles soient relatives aux 35 heures et au travail de nuit, mais aussi au temps de travail des cadres.

Détaillées dans 7 chapitres et 22 fiches, les réponses à toutes ces questions permettent de présenter le droit relatif à la durée du travail de façon précise et concrète, pour les salariés comme pour les employeurs.

120 pages
Janvier 2002
ISBN: 2-11-004985-5

Le salaire

- Que signifie la notion de salaire au regard du droit du travail ?
- Comment le calculer ? Où, quand et comment le payer ?
- Quelles garanties en cas de redressement ou liquidation judiciaire de l'entreprise ?

Ce guide présente de manière claire et précise tous les aspects liés au salaire, de son calcul et son mode de paiement aux retenues et cotisations sociales gérées par l'entreprise ou l'employeur.

Des tableaux récapitulatifs permettent de situer, à l'échelle du salarié, les quotités saisissables en cas d'endettement ou les garanties fixées en cas de liquidation judiciaire...

Il introduit aussi les répercussions entraînées par la loi du 19 janvier 2000 et le passage à l'euro. Le bulletin de paie s'en trouve modifié et, grâce à des exemples précis, est présenté sous ses nouvelles formulations.

160 pages
Juillet 2000
ISBN: 2-11-004528-0

Guide de l'emploi des artistes et techniciens étrangers en France

- Quelle est la réglementation applicable ?
- Quelles sont les autorisations nécessaires ?
- Quel est leur régime de protection sociale ?

Ce guide s'adresse aux employeurs faisant appel à des artistes ou des techniciens étrangers pour travailler temporairement en France.

Conçu de façon claire et pratique, il décrit les obligations sociales à respecter par les entrepreneurs de spectacles, établis en France ou à l'étranger, et apporte des réponses concrètes en matière de réglementation du travail, de régime de protection sociale et d'autorisation de travail.

96 pages
Juin 2000
ISBN: 2-11-004612-0

Des informations pratiques

Info emploi

N° Indigo : 0 825 347 347 (0,15 €/mn)

Site Internet du ministère

www.travail.gouv.fr

Minitel

3615 Emploi (0,15 €/mn et 0,08 €/mn heures creuses)

Élections prud'homales 2002

Pour en savoir plus :

N° Azur : 0810 11 12 02 (prix appel local)
3614 PRUDOM
www.prudom.gouv.fr

Collaboration rédactionnelle
Cabinet Boumendil & Consultants
Direction des relations du travail

Maquette
Parallèle

Mise en page
Ministère des affaires sociales, du travail et de la solidarité
Bureau des éditions et de la communication interne
39-43, quai André-Citroën, 75739 Paris Cedex 15

Crédit photo

Dépôt légal : juin 2002

Imprimeur : Instaprint

Imprimé en U.E.